Fogão lento

80 receitas para amantes de comida

(Comidas deliciosas y deliciosas para tu crockpot)

Ozias Rosales

AF098628

Traduzido por Jason Thawne

Ozias Rosales

Fogão lento: 80 receitas para amantes de comida
(Comidas deliciosas y deliciosas para tu crockpot)

ISBN 978-1-989891-77-3

Termos e Condições

De modo nenhum é permitido reproduzir, duplicar ou até mesmo transmitir qualquer parte deste documento em meios eletrônicos ou impressos. A gravação desta publicação é estritamente proibida e qualquer armazenamento deste documento não é permitido, a menos que haja permissão por escrito do editor. Todos os direitos são reservados.

As informações fornecidas neste documento são declaradas verdadeiras e consistentes, na medida em que qualquer responsabilidade, em termos de desatenção ou de outra forma, por qualquer uso ou abuso de quaisquer políticas, processos ou instruções contidas, é de responsabilidade exclusiva e pessoal do leitor destinatário. Sob nenhuma circunstância qualquer, responsabilidade legal ou culpa será imposta ao editor por qualquer reparação, dano ou perda monetária devida às informações aqui contidas, direta ou indiretamente. Os respectivos autores são proprietários de todos os direitos autorais não detidos pelo editor.

Aviso Legal:

Este livro é protegido por direitos autorais. Ele é designado exclusivamente para uso pessoal. Você não pode alterar, distribuir, vender, usar, citar ou parafrasear qualquer parte ou o conteúdo deste ebook sem o consentimento do autor ou proprietário dos direitos autorais. Ações legais poderão ser tomadas caso isso seja violado.

Termos de Responsabilidade:

Observe também que as informações contidas neste documento são apenas para fins educacionais e de entretenimento. Todo esforço foi feito para fornecer informações completas precisas, atualizadas e confiáveis. Nenhuma garantia de qualquer tipo é expressa ou mesmo implícita. Os leitores reconhecem que o autor não está envolvido na prestação de aconselhamento jurídico, financeiro, médico ou profissional.

Ao ler este documento, o leitor concorda que sob nenhuma circunstância somos responsáveis por quaisquer perdas, diretas ou indiretas, que venham a ocorrer como resultado do uso de informações contidas neste documento, incluindo, mas não limitado a, erros, omissões, ou imprecisões.

ÍNDICE

Parte 1 1

Sopas Na Slowcooker 4

Sopa De Frango Mediterrânea 4

Modo De Fazer: 5

Frango Marroquino E Sopa De Abóbora 5

Sopa De Frango De Fazenda Estilo Francês Na Slowcooker . 6

Sopa De Frango Com Vegetais 8

Ensopado De Milho Na Slowcooker 9

Sopa Italiana De Casamento 10

Sopa De Lentilha E Carne 12

Sopa De Carne E Grão-De-Bico 13

Sopa De Almôndega Italiana 15

Sopa De Carne Búlgara 17

Sopa De Cordeiro 18

Sopa De Cordeiro E Legumes 19

Sopa Cremosa De Abobrinha 20

Sopa No Estilo Toscano Na Slowcooker 21

Sopa De Abóbora E Pimentão 23

Sopa De Abóbora Marroquina 24

Sopa De Espinafre, Alho-Poró E Quinoa 25

Sopa De Quinoa, Feijão Branco E Couve 26

Sopa De Grão De Bico Mediterrânea 27

Sopa Francesa De Legumes 29

Sopa De Lentilha Marroquina 30

Reconfortante Sopa De Ervilha Rachada 31

Sopa Grossa De Vegetais E Macarrão 32

Sopa De Jardim De Verão Na Slowcooker 33

Sopa De Tomate Com Manjericão Na Panela De Barro 34

Sopa De Couve-Flor Comqueijo 36

Sopa De Alcachofra Cremosa 37

Sopa De Alcachofra Com Tomate 38

Pratos Principais Na Slowcooker 39

Ensopado De Frango Mediterrâneo 39

Ervas, Frango E Legumes Na Slowcooker 40

Frango E Cebola Na Panela De Barro 41

Coxinhas De Frango Mediterrâneo Na Panela De Barro 42

Coxinhas De Frango E Alho-Poróna Panela De Barro 43

Ensopado De Frango Grego Na Slowcooker 44

Frango Inteiro Com Sumagre 45

Frango Com Amêndoas E Ameixas 46

Tagine De Frango Marroquino Cozido Lentamente 47

Moussaka De Frango Na Slowcooker 49

Frango À Portuguesa 51

Frango Com Tomate E Alcachofra Lentamente Cozido 53

Frango Fácil Parmigiana 54

Peru Mediterrâneo Na Slowcooker 55

Ensopado De Frutos Do Mar Mediterrâneo 56

Salmão Mediterrâneo Na Slowcooker 57

Cordeiro Com Molho De Vinho Tinto Cozido Lentamente . 58

Cordeiro Mediterrâneo Cozido Lentamente 59

Cordeiro Cozido Lentamente Com Limão, Endro E Queijo Feta 60

Cordeiro Lentamente Cozido E Cuscuz De Damasco.......... 62

Tagine Fácil De Cordeiro E Abóbora Manteiga 63

Guisado De Cordeiro, Espinafre E Grão De Bico 65

Carne Moída, Quinoae Couve De Bruxelas........................ 66

Ensopado De Carne Italiano 67

Ensopado De Carne Com Marmelo................................... 68

Cuscuz De Carne Cozida Lentamente................................ 70

Carne Fácil Na Panela De Barro 71

Ensopado De Carne E Abóbora.. 72

Carne E Vegetais De Raiz Na Panela De Barro 73

Carne E Grão-De-Bico Na Panela De Barro........................ 74

Guisado De Carne Com Repolho.. 75

Misto De Legumes Com Carne... 76

Pimentão Recheado Com Arroz Ecarne Moída.................. 78

Tomates Recheados Com Bulgur E Carne Moída............... 79

Folhas De Repolho Recheado Com Carne Moída E Arroz... 81

Almôndegas Em Molho De Tomate 83

Bolo De Carne Com Legumes 84

Bolo De Carne Mediterrâneo... 85

Moussaka De Batata 86

Moussakade Beringela... 88

Moussaka De Abobrinha 91

Lasanha Na Panela De Barro 92

Lasanha De Carne E Espinafre 94

Bolonhesa Mediterrânea.. 96

Ensopado De Linguiça E Berinjela 97

Linguiça De Peru E Lentilha 99

Assado De Panela Lentamente Cozido............................ 100

Ensopado De Porco Mediterrâneo.................................. 101

Ensopado De Porco Marroquino 102

Porco Assado Com Repolho.. 103

Costeletas De Porco Laranja... 104

Suculentas Costeletas De Porco 105

Porco E Cogumelo Na Panela De Barro 107

Guisado De Berinjela E Grão De Bico 108

Berinjela E Tomate Na Panela De Barro 109

Ensopado Mediterrâneo Na Slowcooker 110

Pimentão Recheado Com Arroz...................................... 112

Pimentão Recheado Com Feijão..................................... 113

Folhas De Videira Recheadas.. 114

Folhas De Repolho Recheadas.. 116

Pilaf De Quinoa Vegetal 118

Café Da Manhã E Sobremesas Na Slowcooker 119

Café Da Manhã Caramelizado Com Maçã E Quinoana Slowcooker.. 119

Pão De Banana Com Aveia 120

Omelete De Legumes Mediterrâneos 121

Omelete Mediterrânea Com Erva-Doce, Azeitonas E Endro 123

Omelete Com Espinafre, Pimenta Assada E Feta Na Slowcooker 124

Maçãs Comcanela Na Slowcooker 125

Arroz Doce Na Slowcooker 127

Parte 2 128

Introdução 129

Sopa De Queijo E Legumes 131

Molho De Frango Vegetariano 132

Cidra De Maçã 133

Curry Indianoe Vegetariano De Coco 134

Ensopado De Milho Vegetariano 136

Chili Vegetariano Com Batata Doce 138

Lasanha De Espinafre E Ricota Com Salada De Alface Romana 140

Ensopado De Legumes 142

Burritos 143

Barras Energéticas De Quinoa 145

Omelete Vegetariano 147

Chá De Cranberry 148

Manteiga De Maçã 149

Sopa De Abóbora Gelada Para O Verão 151

Salada De Batata Alemã 152

Salada Tailandesa De Bife Com Molho De Amendoim 154

Pimentas Recheadas 156
Fajitavegetariana 158
Bolo De Piña Colada 160
Curry Indiano De Feijão Vermelho 161

Parte 1

O que temos para o jantar! - 101 Jantares de família na SlowCooker (panela de cozimento lento) - Passe mais tempo curtindo sua refeição e

menos tempo preparando-a

Vivemos em uma época em que todos estão constantemente em movimento e colocar uma refeição caseira sobre a mesa durante uma semana agitada é incrivelmente desafiador. Mas não importa o quão agitado é o seu dia, é importante que você tire um momento e desfrute de uma boa e saudável refeição. Porque, embora possa haver mais de uma maneira correta de comer, os cientistas concordam em uma coisa: quanto mais real, natural, não processado você consumir, melhor.

Embora possa parecer difícil cozinhar alimentos saudáveis em casa, depois de experimentar algumas das minhas deliciosas refeições de cozimento lento, você logo perceberá que pode produzir um nutritivo jantar saudável em pouco tempo. Todas as minhas receitas inspiradas na dieta mediterrânea são super fáceis de jogar juntas na slowcooker pela manhã. Você só precisa preenchê-la, ligá-la e voltar para casa para uma dessas refeições acolhedoras e reconfortantes do Mediterrâneo que vão aquecer sua alma e nutrir seu corpo!

Ideias de jantar durante a semana são difíceis de encontrar. Para mim, preparar deliciosas refeições na slowcooker é a maneira mais fácil e livre de estresse de cozinhar alimentos saudáveis, mas surpreendentemente saborosos para a família. Minhas receitas mediterrâneas usam ingredientes simples que você provavelmente já tem em seu freezer, geladeira e despensa. Eles não exigem técnicas complicadas de cozinhar e são simplesmente a melhor solução para famílias em ritmo acelerado que querem refeições saborosas e saudáveis. No final de um dia atarefado, uma deliciosa refeição cozinhada lentamente é a resposta perfeita para a pergunta 'O que temos para o jantar?'

Sopas na SlowCooker

Sopa de Frango Mediterrânea

Serve 6-7

Ingredientes:

Cerca de 900g de peito de frango

3-4 cenouras picadas

2 talos de aipo, aparados, cortados ao meio em fatias finas

1 cebola roxa picada

1/3 xícara de arroz

6 xícaras de água

10 azeitonas pretas, sem caroço e cortadas ao meio

1 folha de louro

1/2 colher de chá de sal

Pimenta do reino moída a gosto

Suco de limão, para cobrir

Salsa ou coentro fresco, para servir

Modo de Fazer:

Adicione todos os ingredientes na slowcooker e misture bem. Cozinhe em fogo baixo por 6 a 8 horas, ou até que o frango esteja cozido e as cenouras e o arroz estejam macios.

Retire o frango da slowcooker e deixe esfriar um pouco. Retalhe em tiras e devolva de volta para a sopa. Sirva sopa com suco de limão e polvilhe com salsa fresca ou coentro.

Frango Marroquino e Sopa de Abóbora
Serve 5-6

Ingredientes:

4 coxas de frango sem pele e sem osso, cortadas em pedaços pequenos

1 cebola grande picada

1 abobrinha, cortada longitudinalmente e fatiada em pedaços de 1,2 cm

3 xícaras de abóbora descascada, cortadas em pedaços de 1,2 cm

2 colheres de sopa de tomate diluído em 5 xícaras de caldo de galinha

1/2 colher de chá de cominho

1/4 colher de chá de canela em pó

1 colher de chá de páprica

1 colher de chá sal

4-5 folhas de manjericão picadas

1 colher de chá de casca de laranjada ralada

Modo de Fazer:

Coloque o frango, legumes e especiarias na slowcooker. Despeje o caldo de galinha e misture.

Tampe e cozinhe em fogo baixo por 8-9 horas ou até que o frango esteja cozido e a abóbora esteja macia.

Sopa de Frango de Fazenda Estilo Francês na SlowCooker

Serve 5-6

Ingredientes:

4 coxas de frango sem pele e sem osso, cortadas em pedaços pequenos

1 alho-poró cortados ao meio, em fatias finas

1 talos de aipo, aparados, cortados ao meio em fatias finas

2 cenouras picadas

1 bulbo de erva-doce cortado em cubos

1 xícara de ervilhas congeladas

4 xícaras de caldo de galinha

2 colheres de sopa azeite

1 colher de chá de tomilho

1 colher de chá de sal

Modo de Fazer:

Aqueça o óleo em uma frigideira antiaderente em fogo médio-alto. Adicione o frango e cozinhe, virando, por 3-4 minutos ou até dourar todo. Transfira paraslowcooker.

Adicione todos os outros ingredientes àslowcooker. Adicione o caldo de galinha.

Tampe e cozinhe em fogo baixo por 6-7 horas.

Sopa de Frango com Vegetais
Serve 6-7

Ingredientes:

900g coxas de frango desossadas, cortadas em pedaços

1 cebola pequena picada

1 talo de aipo picado

1/2 pequena pastinaca picada

3 dentes de alho picados

1 cenoura picada

1 pimentão vermelho picado

450g batatas descascadas e em cubos

5 copos de caldo de galinha

1 colher de chá de tomilho

2 folhas de louro

1 colher de chá de sal

Pimenta do reino a gosto

1 colher de chá de segurelha-das-hortas

Modo de Fazer:

Tempere bem o frango com sal, pimenta do reino e segurelha-das-hortas. Coloque-o na slowcooker com todos os ingredientes restantes.

Tampe e cozinhe no baixo por 6-7 horas ou no alto por 4 horas.

Ensopado de Milho na SlowCooker
Serve 4

Ingredientes:

1 lata de milho inteira, não drenada

1 cebola pequena, finamente picada

2 batatas descascadas e em cubos

1 xícara de presunto picado

1 talo de aipo picado

3 xícaras de caldo de legumes

2 xícaras de água

1 lata de leite evaporado

2-3 raminhos de coentro fresco, para servir

Modo de Fazer:

Em uma slowcooker, coloque as batatas, cebola, presunto, aipo, milho, sal e pimenta a gosto. Adicione o caldo de legumes.

Cozinhe no baixo por 7-8 horas e, em seguida, misture o leite evaporado. Cozinhe por mais 40 minutos e sirva coberto com folhas de coentro finamente cortadas.

Sopa Italiana de Casamento

Serve 4-5

Ingredientes:

450g de carne moída

1/3 de xícara depão ralado

1 ovo levemente batido

1 cebola ralada

2 cenoura picada

1 escarola pequena, aparada e cortada em tiras de 1,2 cm

1 xícara defolhas de espinafre

1 xícara de macarrão pequeno

3 xícarasde caldo de galinha

2 xícaras de água

2 colher de sopa de queijo parmesão, ralado

2 colher de sopa de salsa fresca, finamente cortada

3 colher de sopa de azeite

1 colher de chá deorégano seco

1 colher de chá de sal

1 colher de chá de pimenta do reino

Modo de Fazer:

Misture carne moída, ovo, cebola, pão ralado, queijo parmesão, salsa, 1/2 colher de chá de sal e 1/2 colher de chá de pimenta do reino. Misture bem com as mãos. Usando uma colher de sopa, faça almôndegas do tamanho de nozes. Aqueça o azeite em uma frigideira grande e cozinhe almôndegas em quantidades. Reserve em um prato.

Adicione caldo, água, cenoura, orégano, o restante de sal e pimenta e as almôndegas em uma slowcooker. Tampe e cozinhe no baixo por cerca de 8 horas.

Adicione no macarrão, espinafre e escarola e cozinhe por mais uma hora.

Sopa de Lentilha e Carne
Serve 5-6

Ingredientes:

450gde carne moída

1 xícara de lentilhas secas marrons ou verdes

2 cenouras picadas

1 cebola picada

1 batata cortada em cubos de 1/2 polegada

4 dentes de alho picados

2 tomates ralados ou puré

3-4 xícaras de água

1 colher de chá de segurelha

1 colher de chá de orégano seco

1 colher de chá de páprica

2 colheres de sopa deazeite

1 colher de chá de sal

Pimenta do reino moída, a gosto

Modo de Fazer:

Aqueça o azeite em uma frigideira. Cozinhe a carne moída, quebrando-a com uma colher. Adicione páprica e alho e mexa.

Misture todos os ingredientes em uma panela de barro. Cozinhe em baixa por 11-12 horas ou alta por 6 horas.

Sopa de Carne e Grão-de-Bico
Serve 5-6

Ingredientes:

2 fatias de bacon picado

1 xícara de carne moída

2 cenouras picadas

2 dentes de alho finamente picados

1 cebola grande picada

1 talo de folhas de aipo picado

1 lata detomates picados

3 xícaras decaldo de carne

1 lata de grão de bico, escorrido

½ xícara de macarrão pequeno

1 folha de louro

1 colher de chá de manjericão seco

1 colher de chá de alecrim seco

1/4 colher de chá de pimentões esmagados

Modo de Fazer:

Em uma frigideira, cozinhe o bacon e a carne moída até ficar bem feito, quebrando a carne enquanto cozinha. Escorra a gordura.

Em uma slowcooker, junte a mistura de carne e bacon, cebola, cenoura, aipo, alho, pimenta, caldo de carne, tomate e temperos. Mexa até todos os ingredientes estarem combinados. Tampe, cozinhe no baixo por 8-10 horas ou no alto por 5-6 horas.

Cerca de 1 hora antes de a sopa terminar, misture o grão-de-bico e o macarrão.

Sopa de Almôndega Italiana
Serve 5-6

Ingredientes:

450gde carne moída

1 cebola pequena ralada

½ xícara depão ralado

3-4 folhas de manjericão, finamente picadas

1 ovo levemente batido

1 cebola picada

2 dentes de alho esmagados

1 abobrinha em cubos

½ xícara defeijão verde (vagem), aparado e cortado pela metade

2 xícarasde molho de tomate

3 xícaras de água

½ xícara de macarrão pequeno

2 colher de sopa de azeite

Sal e pimenta do reino, a gosto

1/3 xícara de queijo parmesão ralado, para servir

Modo de Fazer:

Misture carne moída, cebola ralada, alho, pão ralado, manjericão e ovo em uma tigela grande. Tempere com sal e pimenta. Misture bem com as mãos e enrole colheres de sopa da mistura em bolas. Aqueça o azeite em uma frigideira grande e cozinhe as almôndegas em lotes. Reserve em um prato.

Adicione a água, molho de tomate, cebola e as almôndegas em uma slowcooker. Tampe e cozinhe no baixo por 9 horas.

Cerca de 1 hora antes da sopa terminar, misture a abobrinha, o feijão verde e o macarrão.

Sirva polvilhado com queijo parmesão.

Sopa de Carne Búlgara

Serve 5-6

Ingredientes:

680g coxa de carne, cortada em pedaços grandes

4 xícaras de água

3 cenouras descascadas e cortadas em pedaços de 7,5cm

2 cebolas, descascadas e cortadas em quatro pedaços

3-4 batatas médias, descascadas e cortadas em quatro pedaços

1 talo de aipo picado

2 folhas de louro

2 colher de chá de sal

1 colher de chá de pimenta do reino

Um punhado de salsa fresca, picada, para servir

Suco de limão, para servir

Modo de Fazer:

Misture carne, cebola, aipo e água em uma slowcooker. Adicione as folhas de louro, sal e pimenta preta.

Tampe e cozinhe no baixo por pelo menos 12 horas ou no alto por 6-7 horas.

Cerca de 1 hora antes de a sopa terminar, misture as cenouras e as batatas.

Sirva com suco de limão e polvilhado com salsa.

Sopa de Cordeiro

Serve 5-6

Ingredientes:

900g cordeiro magro desossado, em cubos

1 cebola, finamente cortada

1 cenoura picada

10 cebolinha picada

2 tomates em cubos

1/3 xícarade arroz de grãos curtos, lavado

4 xícaras de água quente

2 colher de sopa de azeite

1/2 colher de chá de páprica

1 colher de chá de sal

Pimento do reino, a gosto

1 colher de sopa de hortelã seco

1/2 xícara de salsa, finamente cortada

Modo deFazer:

Em uma frigideira, aqueça o azeite e toste suavemente o cordeiro. Adicione a carne juntamente com todos os outros ingredientes na slowcooker.

Mexa, tampee cozinhe no baixo por pelo menos 12 horas ou no alto por 6-7 horas.

Sopa de Cordeiro e Legumes
Serve 6-7

Ingredientes:

2 xícaras cordeiro assado, desfiado

3 xícaras de caldo de galinha ou de legumes

1 xícara de água

1 xícara de tomates enlatados, em cubos, não drenados

1 cebola picada

1 cenoura grande picada

1 nabo pequeno, picado

1 talo de aipo

Sal e pimenta do reino, a gosto

Modo de Faze:

Misture todos os ingredientes em uma slowcooker.

Tampe e cozinhe no baixo por 6-7 horasou no alto por 4 horas. Tempere com sal e pimenta do reino a gosto e sirva.

Sopa Cremosa de Abobrinha

Serve 4

Ingredientes:

1 cebola finamente picada

2 dentes de alho esmagados

4 xícaras de caldo de legumes

5 abobrinhas, descascadas, em fatias finas

1 batata grande picada

1/4 xícara de folhas de manjericão fresco

1 colher de chá de açúcar

½ xícara de iogurte, para servir

Queijo parmesão, para servir

Modo de Fazer:

Aqueça o óleo em uma frigideira em fogo médio e refogue a cebola e o alho, mexendo, por 2-3 minutos ou até ficar macio.

Adicione a mistura de cebola juntamente com o caldo de legumes, água, abobrinha, batata e uma colher de chá de açúcar em umaslowcooker. Cozinhe no baixo por 6 horas ou no alto por 3 1/2 a 4 horas.

Tempere com sal e pimenta a gosto. Se você não tiver um mixer ou varinha, pode transferir a sopa para um liquidificador (em lotes) e transformar em purê até ficar homogêneo. Sirva com uma dose de iogurte e / ou polvilhado com queijo parmesão.

Sopa no Estilo Toscano na SlowCooker
Serve 5-6

Ingredientes:

450g batatas descascadas e em cubos

1 cebola pequena picada

1 lata de feijão misto, escorrido

1 cenoura picada

2 dentes de alho picados

4 xícaras de caldo de galinha

1 xícara de couve picada

3 colheres de sopa de azeite

1 folha de louro

Sal e pimenta a gosto

Queijo parmesão, para servir

Modo de Fazer:

Aqueça o óleo em uma frigideira em fogo médio e refogue a cebola, a cenoura e o alho, mexendo, por 2-3 minutos ou até ficar macio.

Misture todos os ingredientes, exceto a couve na slowcooker. Tempere com sal e pimenta a gosto.

Cozinhe no alto por 4 horas ou baixo por 6-7 horas. Adicione a couve cerca de 30 minutos antes de a sopa terminar de cozinhar. Sirva polvilhado com queijo parmesão.

Sopa de Abóbora e Pimentão

Serve 4

Ingredientes:

1 alho-poró médio picado

3 xícarasde abóbora, descascada, sem sementes, cortada em pequenos cubos

½ pimenta vermelha picada

1 lata de tomates não drenados

3 xícarasde caldo de legumes

½ colher de chá de cominho em pó

Sal e pimenta do reino, a gosto

Modo de Fazer:

Misture todos os ingredientes em uma panela de barro. Tempere com sal e pimenta e cozinhe em fogo baixo por 6 horas. Misture e cozinhe por mais 15 minutos.

Sopa de Abóbora Marroquina

Serve 6

Ingredientes:

1 alho-poró, parte branca apenas, finamente cortada

3 dentes de alho finamente picados

2 cenouras, descascadas, grosseiramente picadas

900g deabóbora, descascada, sem sementes, cortada

1/3 xícara degrão de bico

4 xícaras de caldo de legumes

5 colher de sopa de azeite

Suco de ½ limão

½ colher de chá de gengibre moído

½ colher de chá de canela em pó

½ colher de chá de cominho em pó

Sal e pimento, a gosto

1/2 xícara de salsa picada, para servir

Modo de Fazer:

Aqueça o azeite de oliva em uma frigideira e refogue delicadamente o alho-poró e o alho até ficar macio. Adicione canela, gengibre e cominho e mexa.

Adicione esta mistura na slowcooker juntamente com cenoura, abóbora e grão de bico. Adicione caldo de legumes, sal e pimenta.

Tampe e cozinhe no baixo por 6 horas. Misture em lotes e retorne à slowcooker. Cozinhe por mais 10 minutos. Sirva coberto com salsa.

Sopa de Espinafre, Alho-Poró e Quinoa
Serve 5-6

Ingredientes:

½ xícara de quinoa cozida, bem enxaguada

2 alho-poró cortado ao meio longitudinalmente e fatiado

1 cebola picada

2 dentes de alho picados

1 colher de sopa de azeite

1 lata de tomates em cubos, não drenados

2 xícaras de espinafre fresco picado

3 xícaras de caldo de legumes

Sal e pimenta a gosto

Modo de Fazer:

Aqueça uma frigideira em fogo médio. Adicione azeite e cebola e refogue por 2 minutos. Adicione o alho-poró e cozinhe por mais 2-3 minutos, então adicione o alho e mexa.

Adicione os legumes salteados e todos os ingredientes restantes, exceto o espinafre na slowcooker. Tempere com sal e pimenta a gosto. Cozinhe no alto por 4 horas ou baixo por 6-7 horas. Adicione o espinafre cerca de 30 minutos antes de terminar a sopa.

Sopa de Quinoa, Feijão Branco e Couve
Serve 5-6

Ingredientes:

½ xícara de quinoa cozida, bem enxaguada

1 cebola pequena picada

1 lata de tomates em cubos, não drenados

2 latas de feijão cannellini(branco), não drenado

3 xícaras decouve picada

2 dentes de alho picados

4 xícaras de caldo de legumes

1 colher de chá de páprica

1 colher de chá de hortelã seca

Sal e pimenta a gosto

Modo de Fazer:

Misture todos os ingredientes, exceto a couve na slowcooker. Tempere com sal e pimenta a gosto.

Cozinhe no alto por 4 horas ou baixo por 6-7 horas. Adicione a couve cerca de 30 minutos antes de terminar a sopa.

Sopa de Grão de Bico Mediterrânea

Serve 5-6

Ingredientes:

1 lata de grão de bico, escorrido

Um monte de cebolinhas finamente cortadas

2 dentes de alho esmagados

1 lata detomates em cubos

4 xícaras de caldo de legumes

1/2 repolho médio, sem miolo e cortado em 8 fatias

3 colher de sopa de azeite

1 folha de louro

½ colher de chá de alecrim

½ xícara dequeijo parmesão ralado na hora

Modo de Fazer:

Em uma frigideira, refogue a cebola e o alho no azeite. Adicione à slowcooker junto com o caldo, grão de bico, tomate, louro e alecrim.

Cozinhe no alto por 4 horas. Adicione repolho na sopa, tampe e cozinhe até que esteja macia, cerca de 20 minutos no alto. Sirva polvilhado com queijo parmesão.

Sopa Francesa de Legumes

Serve 4-5

Ingredientes:

1 alho-poró, em fatias finas

1 abobrinha grande, descascada e cortada

1 xícara de feijão verde, cortado em metades

2 batatas grandes, descascadas e cortadas em pedaços grandes

1 bulbo de erva-doce médio, cortado, sem miolo e cortado em pedaços grandes

2 dentes de alho, cortados

4 xícaras de caldo de legumes

Pimenta do reino, a gosto

4 colher de sopa de queijo parmesão ralado na hora

Modo de Fazer:

Misture todos os ingredientes na slowcooker. Tempere com sal e pimenta a gosto. Cozinhe no baixo por 6 - 10 horas ou alto por 2,5 - 3 horas.

Sirva quente polvilhado com queijo parmesão.

Sopa de Lentilha Marroquina
Serve 8-9

Ingredientes:

1 xícara delentilhas vermelhas

1/2 xícara de grão de bico enlatado, escorrido

2 cebolas picadas

2 dentes de alho picados

1 xícara de tomate enlatado picado

1/2 xícara de feijão branco enlatado, escorrido

3 cenouras, cortadas em cubos

3 talos de aipo, em cubos

6 xícaras de água

1 colher de chá de gengibre ralado

1 colher de chá de cardamomo em pó

Modo de Fazer:

Adicione todos os ingredientes à slowcooker. Tampe e cozinhe no baixo por 8 horas ou alto por 4 horas.

Tempere com sal a gosto e bata metade da sopa em um processador de alimentos ou liquidificador.

Devolva a sopa em purê à slowcooker, mexa e sirva.

Reconfortante Sopa de Ervilha Rachada
Serves 5-6

Ingredients:

450g deervilha rachada secas, enxaguadas e escorridas

2 batatas descascadas e cortadas em cubos

1 cebola pequena picada

1 talo de aipo picada

1 cenoura picada

2 dentes de alho picados

1 folha de louro

1 colher de chá de pimenta do reino

1/2 colher de chá de sal

6 xícaras de água

Queijo feta ralado, para servir

Modo de Fazer:

Misture todos os ingredientes em umaslowcooker.

Tampe e cozinhe no baixo por 5-6 horas.

Descarte a folha de louro. Misture a sopa à consistência desejada, adicionando mais água quente para diluir, se desejado.

Polvilhe queijo feta ralado por cima e sirva com alho ou pão de ervas.

Sopa Grossa de Vegetais e Macarrão
Serve 4-5

Ingredientes:

¼ repolho picado

2 cenouras picadas

1 talo de aipo, em fatias finas

1 cebola pequena picada

2 dentes de alho picados

4 xícaras de caldo de legumes

1 xícara de tomate enlatado, em cubos, não drenados

1 xícara de espinafre fresco, rasgado

Pimenta do reino e sal, a gosto

Modo de Fazer:

Adicione todos os ingredientes, exceto o espinafre à slowcooker. Cubra e cozinhe no baixo por 6-7 horas ou alto por 4 horas.

Adicione o espinafre cerca de 30 minutos antes da sopa terminar de cozinhar.

Sopa de Jardim de Verão na SlowCooker
Serve 4-5

Ingredientes:

1 cebola pequena, finamente cortada

2 cenouras picadas

1 abobrinha, descascada e em cubos

1 caixa de feijão manteiga congelado, descongelado

1 talo de aipo, em fatias finas

2 dentes de alho picados

4 xícaras de caldo de legumes

1 lata de tomates, em cubos, não drenados

1 abóbora amarela média, em cubos

1 xícara de macarrão pequeno não cozido

3-4 colher de sopa de pesto

Pimenta do reino e sal, a gosto

Modo de Fazer:

Adicione todos os ingredientes, exceto abobrinha, abóbora amarela e macarrão à slowcooker. Tampe e cozinhe no baixo por 6 horas ou alto por 4 horas.

Junte o macarrão, a abobrinha e a abóbora amarela. Tampe; cozinhe por mais 1 hora ou até que os legumes estejam macios. Cubra individualmente com pesto.

Sopa de Tomate com Manjericão na Panela de Barro

Serve: 5-6

Ingredientes:

4 xícaras detomates frescos picados ou 800ml de tomate enlatado

1/3 xícara de arroz

3 xícaras de água

1 cebola grande, em cubos

4 garliccloves, minced

3 colher de sopa de azeite

1 colher de chá de sal

1 colher de sopa de manjericão seco

1 colher de sopa de páprica

1 colher de chá de açúcar

½ maço de salsa fresca, para servir

Modo de Fazer:

Em uma frigideira, refogue a cebola e o alho por 2-3 minutos. Quando as cebolas tiverem amolecido, adicione-as juntamente com todos os outros ingredientes à panela de barro.

Cozinhe em fogo baixo por 5-7 horas, ou em fogo alto por 3 1/2. Misture com um mixer ou varinha e sirva com salsa fresca.

Sopa de Couve-Flor comQueijo
Serve 4-5

Ingredientes:

1 cebola grande, finamente cortada

1 couve-flor média picada

2-3 dentes de alho picados

4 xícaras de caldo e legumes

1 xícara de creme de leite integral

1 xícara de queijo cheddar ralado

Sal, a gosto

Pimenta do reino fresca moída a gosto

Modo de Fazer:

Coloque couve-flor, cebola, alho e caldo de legumes em uma panela de barro. Tampe e cozinhe em fogo baixo por 4-6 horas. Misture no liquidificador.

Volte à panela de barro e misture o creme de leite e o queijo. Tempere com sal e pimenta e mexa para misturar.

Sopa de Alcachofra Cremosa

Serve 4

Ingredientes:

1 lata de corações de alcachofra, drenados

3 batatas, descascadas e cortadas em pedaços de ½ polegada

1 cebola pequena, finamente cortada

2 dentes de alho esmagados

3 xícaras de caldo de legumes

2 colher de sopa de suco de limão

1 xícara de creme de leite

Pimenta do reino, a gosto

Modo de fazer:

Misture as batatas, cebola, corações de alcachofra, caldo de carne, suco de limão e pimenta do reino na slowcooker.

Tampe e cozinhe no baixo por 8-10 horas ou no alto por 4-5 horas ou até que as batatas estejam macias.

Misture a sopa em lotes e devolva-a à slowcooker. Adicione o creme e continue a cozinhar até aquecer mais 5-10 minutos.

Decore com um rodamoinho de creme ou uma fatia de alcachofra.

Sopa de Alcachofra com Tomate
Serve 4

Ingredientes:

1 lata de corações de alcachofra, drenados

1 lata de tomates em cubos, não drenados

3 xícaras de caldo de legumes

1 cebola pequena picada

2 dentes de alho esmagados

1 colher de sopa de pesto

Pimenta do reino, a gosto

Modo de Fazer:

Misture todos os ingredients na slowcooker.

Tampe e cozinhe no baixo por 8-10 horas ou no alto por 4-5 horas.

Misture a sopa em lotes e devolva-a à slowcooker. Tempere com sal e pimenta a gosto e sirva.

Pratos Principais na SlowCooker

Ensopado de Frango Mediterrâneo

Serve 4

Ingredientes:

4 metades de peito de frango

1 cebola grande, fatiada

1 pimentão vermelho, em fatias finas

2 xícaras de molho de tomate

1/2 xícara de azeitonas pretas, sem caroço

½ xícara deazeitonas verdes, sem caroço

1/3 xícara de queijo parmesão

¼ xícara de salsa picada

Modo de Fazer:

Pulverize a slowcooker com spray antiaderente.

Misture todos os ingredientes na slowcooker e vire o frango para cobrir. Cozinhe no baixo por 7-8 horas.

Polvilhe com queijo parmesão, salsa e sirva.

Ervas, Frango e Legumes na SlowCooker
Serve 4

Ingredientes:

4 metades de peito de frango sem pele e sem osso

350g de batata bolinha ou batata miúda

1 cebola fatiada

2 cenouras cortadas

1 pimentão vermelho, cortado na metade, sem sementes, cortado

1 abobrinha, descascada e cortada

4 dentes de alho finamente cortados

1 xícara de caldo de galinha

1 colher de chá de orégano seco

1 colher de chá de alecrim seco

Sal e pimento do reino, a gosto

Modo de Fazer:

Pulverize a slowcooker com spray antiaderente.

Coloque os legumes na slowcooker. Tempere com um pouco de sal e pimenta.

Tempere os peitos de frango com orégano e alecrim e coloque em cima de legumes.

Despeje caldo de frango sobre o frango e legumes. Tampe e cozinhe no baixo por cerca de 6-7 horas.

Frango e Cebola na Panela de Barro
Serve 4

Ingredientes:

4 metades de peito de frango

4-5 cebolas grandes, finamente cortadas

1/2 xícara de azeitonas pretas, sem caroço

4 colher de sopa de azeite

1 colher de chá de tomilho

1 colher de chá de açafrão

Sal e pimento do reino, a gosto

1/4 xícara de folhas de salsa, picadas, para servir

Modo de Fazer:

Aqueça o óleo em uma frigideira grande em fogo médio-alto. Tempere os peitos de frango com tomilho e açafrão e cozinhe-os, virando por 4-5 minutos ou até dourar. Transfira para slowcooker.

Coloque cebolas e azeitonas em cima de frango. Adicione o caldo de galinha, tampe e cozinhe no baixo por cerca de 6-7 horas.

Coxinhas de Frango Mediterrâneo na Panela de Barro

Serve 4

Ingredientes:

8 coxinhas de frango

1 alho-poró, aparado, em fatias finas

2 dentes de alho esmagados

1 lata de tomates

1 lata de grão de bico, escorrido e enxaguado

1 colher de chá de alecrim seco

1 colher de chá de páprica

Sal e pimenta, a gosto

Modo de Fazer:

Pulverize a slowcooker com spray antiaderente.

Coloque todos os ingredientes na slowcookere vire as coxinhas para cobrir bem.

Cozinhe no baixo por 5-6 horas.

Sirva com arroz italiano cozido ou cuscuz.

Coxinhas de Frango e Alho-Poróna Panela de Barro

Serve 4

Ingredientes:

8 coxinhas de frango

4-5 alho-poró, aparado, em fatias finas

4-5 cogumelos brancos, fatiados

2 dentes de alho esmagados

1/2 xícara devinho branco seco

1 xícara de ervilhas congeladas

1 xícara de creme de leite

1 colher de sopa de estragão fresco picado

Sal e pimenta, a gosto

Modo de Fazer:

Pulverize a slow cooker com spray antiaderente.

Coloque todos os ingredientes na slowcooker e vire as coxinhas para revestir bem.

Cozinhe no baixo por 6-7 horas.

Ensopado de Frango Grego na SlowCooker

Serve 4

Ingredientes:

4 metades de peito de frango desossadas, sem pele ou 8 coxas

450g de batatas, descascadas e em cubos

450 de feijão verde, aparado e cortado em pedaços de 2,5cm

1 cebola grande picada

5 dentes de alho picados

1 lata de tomate, não drenado

1/2 xícara de queijo feta, desintegrado

Sal e pimenta preta, a gosto

Modo de Fazer:

Pulverize a slowcooker com spray antiaderente.

Coloque todos os ingredientes naslowcooker e vire os peitos de frango para cobrir bem.

Cozinhe no baixo por 6-7 horas e, em seguida, misture o queijo feta. Cozinhepormais 40 minutos e sirva.

Frango Inteiro com Sumagre

Serve 4

Ingredientes:

1 frango inteiro (1,3kg a 1,8kg)

2 colher de sopa deazeite

2 dentes de alho esmagados

1 colher de sopa de sumagre

1 colher de chá de casca de limão

1 colher de sopa de suco de limão

Sal e pimenta do reino, a gosto

Modo de Fazer:

Misture azeite, alho, sumagre, casca de limão, suco de limão, sal e pimenta em uma tigela. Esfregue a mistura sobre o frango. Cubra e deixe marinar por 2 horas, se o tempo permitir.

Cozinhe na slowcooker no baixo até não ficar rosado no osso e os sucos ficarem claros, 6 a 8 horas.

Frango com Amêndoas e Ameixas
Serve 4

Ingredientes:

900gfilés de coxa de frango, aparados

1/2 xícara de suco de laranja fresco

2 colher de sopa de mel

1/3 xícara de vinho branco

1/2 xícara de ameixas secas

2 colher de sopa de amêndoas descascadas

2 colher de sopa de passas ou sultanas

1 colher de chá de canela moída

Sal e pimenta do reino moída, a gosto

1 colher de sopa de folhas de salsa fresca, picada

Modo de Fazer:

Pulverize a slowcooker com spray antiaderente.

Coloque todos os ingredientes na slowcooker e vire os filés de frango para cobrir bem.

Cozinhe no baixo por 6-7 horas.

Tagine de Frango Marroquino Cozido Lentamente

Serve 4-5

Ingredientes:

1 frango inteiro (1,3kg a 1,8kg), cortado em pedaços

2 cebolas grandes raladas

2 ou 3 dentes de alho finamente picados ou prensados

1 colher de chá de gengibre

1 colher de chá de cominho

1 colher de chá de páprica

1 colher de chá de pimenta preta

1 colher de chá de açafrão

1/2 colher de chá de sal

1/2 xícara de azeitonas verdes ou pretas, ou misturadas

1-2 limões preservados, esquartejados e sem sementes

5 colheres de sopa de azeite

Um ramo de coentro fresco

Um monte de folhas de salsa fresca

Modo de Fazer:

Enxaguar e secar o frango e colocar em um prato limpo.

Em uma tigela grande, misture três colheres de sopa de azeite, sal, metade das cebolas, alho, gengibre, cominho, páprica e açafrão. Misture bem, esmague o alho com os dedos e adicione um pouco de água para fazer uma pasta.

Enrole os pedaços de frango na marinada e deixe por 10 a 15 minutos.

Em umaslowcooker, adicione o frango e despeje o excesso de suco da marinada por cima. Adicione as cebolas restantes, azeitonas e limão preservado picado. Amarre a salsa e coentro juntos em um buquê e coloque em cima do frango.

Tampe e cozinhe no baixo por 6-7 horas. Retire o buquê de salsa e sirva sobre arroz cozido ou cuscuz.

Moussaka de Frango na SlowCooker
Serve 6

Ingredientes:

2 berinjelas grandes, cortadas em rodelas grossas de 1,2cm

Spray de cozinha de azeite

1 colher de sopa de sal

1 cebola grande, finamente cortada

1/2 colher de chá de canela em pó

1/2 colher de chá denoz-moscada moída

1/4 colher de chá de coentro em pó

1/4 colher de chá de gengibre moído

2 xícaras de tomate enlatado, não drenados, picados

2 xícaras de frango sem pele, desfiado e assado

1/2 xícara de folhas de salsa fresca picada

1 colher de chá deaçúcar

Para a cobertura:

1 copo de iogurte

3 ovos

1 xícara de queijo parmesão

Sal e pimenta preta, a gosto

Modo de Fazer:

Coloque as fatias de berinjela em uma bandeja e polvilhe com bastante sal. Deixe descansar por 30 minutos, depois enxágüe com água fria. Deite as fatias na horizontal e use uma toalha de cozinha limpa para espremer o excesso de água e seque.

Aqueça uma frigideira em fogo médio alto. Pulverize ambos os lados da berinjela com óleo. Cozinhe em lotes por 3 a 4 minutos de cada lado ou até dourar. Transfira para um prato.

Na mesma panela, refogue a cebola, mexendo, por 3 a 4 minutos ou até amolecer. Adicione tempero. Refogue por um minuto até ficar perfumado. Adicione os tomates e o açúcar, mexa e refogue até engrossar. Adicione o frango e a salsinha e misture bem.

Arrume metade das fatias de berinjela na slowcooker. Cubra com a mistura de frango e tomate e prepare a berinjela restante.

Tampe a slowcooker e cozinhe no alto por 2 horas.

Misture os ovos, iogurte, queijo parmesão e coloque por cima da berinjela com uma colher. Recoloque a tampa e cozinhe no baixo por 1 a 1 ½ horas.

Frango à Portuguesa

Serve 4

Ingredientes:

1 frango inteiro

4 dentes de alho esmagados

1/3 xícara de suco de limão

3 colher de sopa de azeite

1 colher de sopa de flocos de pimenta

1 colher de chá de coentro em pó

1 colher de sopa de páprica

1 colher de chá deorégano seco

1 colher de chá de sal

Modo de Fazer:

Usando uma faca afiada, corte os ossos em ambos os lados da coluna vertebral. Remova a coluna vertebral, coloque o peito de frango em uma tigela.

Misture suco de limão, azeite, alho, pimenta, sal, coentro, colorau e orégano juntos em um copo. Despeje sobre o frango, cubra e leve à geladeira por pelo menos duas horas.

Em uma slowcooker, adicione o frango e despeje o excesso de suco de marinada por cima. Cozinhe no baixo por 6-7 horas.

Sirva com salada de legumes ou batatas cozidas.

Frango com Tomate e Alcachofra Lentamente Cozido

Serve 4

Ingredientes:

3 peitos de frango sem pele, cortados em tiras

2 alhos-poró, apenas partes brancas, picadas

1 lata de alcachofra cortada em quartos, drenada

1 lata de tomates em cubos

1/2 azeitonas verdes, cortadas ao meio

2 dentes de alho esmagados

1 colher de chá de casca de limão

7-8 folhas frescas de manjericão picadas

1 folha de louro

Sal e pimenta a gosto

1 xícara de salsa finamente cortada

Modo de Fazer:

Pulverize a slowcooker com spray antiaderente.

Misture todos os ingredientes na slowcooker e vire o frango para cobrir. Cozinhe no baixo por 7-8 horas. Retire a folha de louro e sirva polvilhado com salsa.

Frango Fácil Parmigiana

Serve 4

Ingredientes:

4 filés de peito de frango

1 berinjela, descascada e fatiada longitudinalmente

1 lata de tomates, em cubos e não drenados

250g dequeijo mussarela fatiado

1 colher de chá de manjericão seco

Sal e pimenta a gosto

Modo de Fazer:

Pulverize a slow cooker com spray antiaderente.

Misture todos os ingredientes, exceto o queijo mussarela, na slowcooker e vire o frango para cobrir. Cozinhe no baixo por 5 horas ou alto 4-6 horas.

Adicione a mussarela e continue a cozinhar até aquecer 25 minutos mais.

Peru Mediterrâneo na SlowCooker
Serve 4

Ingredientes:

1 peito de peru desossado, aparado

1 cebola vermelha grande, cortada

2-3 dentes de alho picados

1/3 xícara devinho branco seco

1/2 xícara de caldo de galinha

1 xícara de azeitonas pretas, sem caroço

1 colher de sopa detomilho seco

1 xícara de tomates secos embalados em óleo

Sal e pimenta do reino, a gosto

Modo de Fazer:

Misture todos os ingredientes na slowcooker. Tampe e cozinhe no baixo 7-8 horas. Corte o peru em fatias e sirva.

Ensopado de Frutos do Mar Mediterrâneo
Serve 4

Ingredientes:

1 ½ filés de solha ou linguado

340g decamarão médio cru com casca, sem caudas

3 tomates picados

1 cebola picada

2 dentes de alho picados

1/3 xícara de vinho branco

20 azeitonas pretas, sem caroço e picadas

1 colher de sopa de alcaparras

1 colher de sopa de suco de limão fresco

1 colher de chá de orégano seco

4 folhas de manjericão fresco picado

3 colheres de sopa de queijo parmesão

Modo de Fazer:

Pulverize a slowcooker com spray antiaderente. Coloque o camarão, cebola, alho, orégano, tomate, vinho, azeitonas, alcaparras, suco de limão e manjericão picado. Cozinhe no alto por 4 horas, junte o peixe e cozinhe por mais 30 a 45 minutos ou até que o peixe esteja escamoso.

Sirva polvilhado com queijo parmesão.

Salmão Mediterrâneo na SlowCooker
Serve 4

Ingredientes:

450g de filetes de salmão

2 tomates picados

1 cebola picada

1 pimentão vermelho picado

1 abobrinha, descascada e fatiada

1 colher de sopa de alcaparras

1 colher de sopa de suco de limão fresco

1 colher de chá de alho em pó

1 colher de chá de endro seco

1/2 colher de chá de pimenta do reino

1 colher de chá de sal

Modo de Fazer:

Embrulhe todos os ingredientes em papel alumínio e coloque dentro da slowcooker.

Cozinhe no baixo por 6 horas ou até que o salmão esteja cozido e lascado facilmente.

Cordeiro com Molho de Vinho Tinto Cozido Lentamente

Serve 4

Ingredientes:

4 coxas de cordeiro aparadas

1 cebola em fatias finas

2 cenouras grandes, picadas

2-3 cherívias picadas

1 xícara de caldo de galinha

2 xícaras de vinho tinto seco

1 colher de chá de açúcar mascavo

½ colher de chá de pimenta do reino

½ colher de chá de sal

Modo de Fazer:

Pulverize a slow cooker com spray antiaderente.

Coloque as coxas de cordeiro junto com todos os outros ingredientes.

Tampe e cozinhe no baixo por 6-7 horas.

Cordeiro Mediterrâneo Cozido Lentamente

Serve 4

Ingredientes:

460g de coxa de cordeiro desossada, aparada e em cubos

1 cebola em fatias finas

2 cenouras grandes, picadas

2 dentes de alho picados

1 xícara de caldo de galinha

1 lata de grão de bico, escorrido

1 xícara de passas

1/2 xícara de figos secos, cortados ao meio

4 colheres de sopa de hortelã fresca, finamente cortada

1/4 colher de chá de açafrão, esmagado

1 colher de chá de gengibre moído

½ colher de chá de pimenta preta

½ colher de chá de sal

3 colheres de sopa de azeite

Modo de Fazer:

Aqueça o óleo em uma frigideira grande antiaderente e cozinhe o cordeiro em lotes, por 3-4 minutos de cada lado, ou até dourar. Transfira para a slowcooker.

Adicione todos os outros ingredientes. Tampe e cozinhe no baixo por 7-9 horas.

Cordeiro Cozido Lentamente com Limão, Endro e Queijo Feta

Serve 4

Ingredientes:

4 coxas de cordeiro

1 cebola pequena, finamente fatiada

2 dentes de alho picados

1 xícara de caldo de galinha

1/2 xícara de endro fresco, finamente cortado

1 limão médio, finamente fatiado

1 xícara de queijo feta esmigalhado

2 colheres de sopa de azeite

½ colher de chá de pimenta preta

½ colher de chá de sal

3 colheres de sopa de azeite

Modo de Fazer:

Tempere as coxas de cordeiro com sal e pimenta. Aqueça o óleo em uma frigideira grande antiaderente e cozinhe o cordeiro em lotes, por 3-4 minutos de cada lado, ou até dourar. Transfira para a slowcooker.

Adicione o caldo de galinha, 2 colheres de sopa de endro, alho, cebola e rodelas de limão. Tampe e cozinhe no baixo até que o cordeiro esteja macio, cerca de 8-9 horas.

Polvilhe com o queijo feta e o endro restante e sirva com orzo ou arroz.

Cordeiro Lentamente Cozido e Cuscuz de Damasco

Serve 4

Ingredientes:

450g de pedaços de cordeiro cozidos

1 cebola em fatias finas

2 xícaras de cenouras pequenas

6-7 damascos secos

1 dente de alho picado

1 xícara de caldo de galinha

1/2 xícara de passas

4 colheres de sopa de hortelã fresca, finamente cortada

1/4 colher de chá de fios de açafrão, esmagado

1 colher de chá de gengibre moído

½ colher de chá de pimenta do reino

½ colher de chá de sal

3 colheres de sopa de azeite

1/2 xícara de folhas de coentro, finamente cortadas, para servir

Fatias de limão, para servir

Modo de Fazer:

Aqueça o óleo em uma frigideira grande antiaderente e cozinhe o cordeiro em lotes, por 3-4 minutos de cada lado, ou até dourar. Transfira para a slowcooker.

Adicione todos os outros ingredientes. Tampe e cozinhe no baixo por 7-9 horas.

Sirva com cuscuz, hortelã ou coentro e fatias de limão.

Tagine Fácil de Cordeiro e Abóbora Manteiga

Serve 4

Ingredientes:

450g de pedaços de cordeiro cozidos

1 cebola pequena, finamente cortada

2 cenouras picadas

1 pequena abóbora manteiga, descascada, sem sementes e picada

1 dente de alho picado

1 xícara de caldo de galinha

1 colher de sopa de mel

1/4 colher de chá de fios de açafrão, esmagado

1 colher de chá de gengibre moído

½ colher de chá de pimenta do reino

½ colher de chá de sal

3 colheres de sopa de azeite

1/2 xícara de coentro picado, para servir

4 colheres de sopa de pinhão torrado, para servir

Modo de Fazer:

Aqueça o óleo em uma frigideira grande antiaderente e cozinhe o cordeiro em lotes, por 3-4 minutos de cada lado, ou até dourar. Transfira para a slowcooker.

Adicione todos os outros ingredientes. Tampe e cozinhe no baixo por 7-9 horas.

Sirva com cuscuz, folhas de coentro e pinhão torrado.

Guisado de Cordeiro, Espinafre e Grão de Bico

Serve 4

Ingredientes:

450g de pedaços de cordeiro cozidos

1 cebola pequena, finamente cortada

2 cenouras picadas

1 tomate em cubos

2 xícaras de espinafre picado

1 lata de grão de bico, escorrido

1 dente de alho picado

1 xícara de caldo de galinha

1 colher de sopa de páprica

½ colher de chá de pimenta preta

½ colher de chá de sal

3 colheres de sopa de azeite

1 xícara de iogurte, para servir

Modo de Fazer:

Aqueça o óleo em uma frigideira grande antiaderente e cozinhe o cordeiro em lotes, por 3-4 minutos de cada lado, ou até dourar. Transfira para a slowcooker.

Adicione todos os outros ingredientes, exceto o espinafre. Tampe e cozinhe no baixo por 6-7 horas. Adicione o espinafre, tampe e cozinhe no alto até o espinafre ficar murcho, cerca de 10 minutos.

Sirva com bastante de iogurte.

Carne Moída, Quinoae Couve de Bruxelas
Serve 4

Ingredientes:

170g de carne moída

1/2 cebola pequena, finamente cortada

2 dentes de alho esmagados

1 xícara de quinoa

2 xícaras de caldo de galinha

1 batata doce grande, descascada e ralada

1 xícara de couve de bruxelas ralada

1 colher de sopa de azeite

Modo de Fazer:

Pulverize a slow cooker com spray antiaderente.

Em uma caçarola, aqueça o azeite em fogo médio. Refogue delicadamente a cebola e o alho até ficar perfumado. Adicione a carne moída, quebrando-a enquanto cozinha.

Misture quinoa e caldo de galinha na slowcooker. Adicione a mistura de carne moída e todos os outros ingredientes.

Tampe e cozinhe no alto por 2 horas.

Ensopado de Carne Italiano

Serve 4

Ingredientes:

680g decarne cozida

3 cenouras cortadas

1 cebola média, fatiada

3 dentes de alho picados

1 lata de feijão branco, escorrido

1/2 xícara de caldo de carne

1 lata de tomates em cubos, não drenados

2 xícaras de feijão verde congelado

2/3 xícara de folhas de manjericão fresco picado

1 colher de chá de açúcar

Modo de Fazer:

Pulverize a slow cooker com spray antiaderente.

Coloque carne, cenoura, cebola, alho, feijão, tomate e caldo de carne na slowcooker.

Tampe e cozinhe no baixo por 10-11 horas.

Adicione o manjericão, o açúcar e o feijão verde congelado. Aumente o ajuste de calor para alto, tampe e cozinhe por 30 minutos ou até que os grãos verdes estejam macios.

Ensopado de Carne com Marmelo
Serve 6-8

Ingredientes:

900g de carne bovina magra assada e cortada em pedaços de 5cm

2 cebolas picadas

2-3 tomates em purê

1-2 folhas de louro

1 pau de canela

1 xícara de vinho branco seco

3 marmelos descascados, cortados em cubos

5-6 ameixas secas

1 colher de chá de páprica

1 colher de chá de sal

1/2 colher de chá de pimenta do reino

1 colher de sopa de mel

3 colheres de sopa de azeite

Modo de Fazer:

Aqueça o azeite em uma panela grande em fogo médio-alto. Sele a carne em lotes e coloque-a na slowcooker.

Adicione todos os outros ingredientes, tampe e cozinhe no baixo por 11-12 horas. Descarte o pau de canela e as folhas de louro e sirva.

Cuscuz de Carne Cozida Lentamente
Serve 5-6

Ingredientes:

900g de carne bovina cozida

1 cebola grande, cortada

1/2 xícara de grão de bico enlatado, escorrido

2 cenouras

1/2 xícara de ervilhas

1/2 xícara de azeitonas pretas, sem caroço

3 colheres de sopa de molho de tomate

2 caldo de carne

1 abobrinha, descascada e cortada

1 xícara de feijão verde congelado

3 batatas descascadas e cortadas

1 colher de chá de cominho

1 colher de chá de páprica

Um pequeno punhado de salsa fresca

Modo de Fazer:

Coloque carne, cebola, grão de bico, ervilhas, cenoura, azeitonas, molho de tomate, cominho, páprica e caldo de carne na slowcooker. Amarre a salsa como um buquê e coloque-a no topo. Tampe e cozinhe no baixo por 10 horas. Adicione o feijão verde, a batata e a abobrinha, tempere com sal e pimenta a gosto, aumente a temperatura e cozinhe por mais 1 hora. No final, descarte o buquê de salsa.

Sirva sobre o cuscuz o cozido com carne e legumes em cima e ensopado de molho em uma tigela separada.

Carne Fácil na Panela de Barro
Serve 4

Ingredientes:

900g de carne, em cubos

1 cebola pequena, finamente cortada

1 talo de aipo finamente cortado

1 sopa de creme de cogumelos

½ xícara de água ou caldo de legumes

Modo de Fazer:

Pulverize a slowcooker com spray antiaderente.

Misture todos os ingredientes na slowcooker, tampe e cozinhe no baixo por 7-9 horas.

Ensopado de Carne e Abóbora
Serve 4-5

Ingredientes:

900g de carne magra, em cubos

2 xícaras de abóbora em cubos

1 cebola pequena picada

2 dentes de alho picados

1 tomate em cubos

Raspas de uma laranja

1 folha de louro

1 colher de chá de páprica

4 colheres de sopa de azeite

Sal e pimenta preta, a gosto

3 cebolinhas, picadas, para servir

Modo de Fazer:

Pulverize a slow cooker com spray antiaderente.

Misture todos os ingredientes na slowcooker, tampe e cozinhe no baixo por 7-9 horas.

Polvilhe com cebolinha e sirva.

Carne e Vegetais de Raiz na Panela de Barro

Serve 6

Ingredientes:

900g de carne bovina cozida

2 cenouras cortadas

2 cebolas fatiadas

1 pequeno nabo, descascado e cortado em cubos

1 beterraba pequena, descascada e cortada em cubos

1 xícara de caldo de carne

1 colher de chá de pasta de tomate

1 colher de sopa de páprica

2 folhas de louro

1 xícara de iogurte, para servir

Modo de Fazer:

Pulverize a panela de barro com spray antiaderente.

Misturo todos os ingredientes na panela de barro. Tampe e cozinhe no baixo por 6-9 horas.

Carne e Grão-de-bico na Panela de Barro

Serve 4

Ingredientes:

900g de carne bovina magra, em cubos

2 cebolas picadas

1 lata de grão de bico, escorrido

1 pimentão vermelho picado

1 colher de sopa de tomate

1 xícara de caldo de carne

1 colher de chá de páprica

1 colher de chá de cominho

Sal a gosto

Modo de Fazer:

Misture todos os ingredientes na panela de barro. Tampe e cozinhe por 6-7 horasno baixo ou 4 horas no alto.

Guisado de Carne com Repolho
Serve 6-8

Ingredientes:

5 a 7cmde corte central decoxas bovinas

1 repolho médio, cortado em tiras finas

1 cebola picada

1 cenoura picada

1 pimentão vermelho, cortado em tiras

2 tomates picados

1 colher de chá de páprica

1/2 colher de chá de cominho

1/2 colher de chá de canela

1 xícara de caldo de galinha

Sal a gosto

1 1/2 xícaras de água

Modo de Fazer:

Misture repolho, cebola, cenoura, pimenta e tomate na slowcooker. Tempere com sal e pimenta a gosto, adicione em páprica, cominho e canela. Coloque as coxas de carne em cima dos legumes e adicione o caldo de galinha.

Tampe e cozinhe no baixo por 9 horas. Retire, triture a carne e sirva.

Misto de Legumes com Carne
Serve 6-8

Ingredientes:

900g de carne bovina cozida

2 berinjelas, descascadas e em cubos

5 batatas pequenas, cortadas ao meio

1 abobrinha descascada e em cubos

2 pimentas vermelhas, cortadas

1 xícara de quiabo congelado

1 xícara de ervilhas congeladas

1 xícara de feijão verde congelado

1 cebola cortada

4 dentes de alho cortados

3 tomates em cubos

4 colheres de sopa de azeite

1 colher de chá de páprica

Sal a gosto

Pimenta do reino, a gosto

1 xícara de folhas de salsa picadas

Modo de Fazer:

Polvilhe os pedaços de berinjela com sal e reserve em uma peneira por 15 minutos. Lave o sal e o excesso de sumo e seque os pedaços de berinjela.

Aqueça o azeite em uma panela grande e refogue os pedaços de carne por alguns minutos até dourar bem. Transfira para a panela de barro. Acrescente berinjela, cebola, alho, ervilha, vagem, tomate, quiabo e pimentão vermelho. Adicione o caldo de galinha e a páprica. Tempere com sal e pimenta a gosto. Tampe e cozinhe em fogo baixo por 6-7 horas.

Duas horas antes de o ensopado terminar, junte a abobrinha e as batatas.

Sirva polvilhado com salsa.

Pimentão Recheado com Arroz eCarne Moída

Serve 6

Ingredientes:

8-9 pimentões vermelhos ou verdes, sem caroço e sem sementes

900g de carne moída

1/4 xícara de arroz, lavado e escorrido

1 cebola finamente cortada

1 tomate ralado

Umpunhado de salsa fresca picada

1 xícara de água morna

3 colheres de sopa de azeite

1 colher de sopa de páprica

Sal e pimenta a gosto

Modo de Fazer:

Aqueça o azeite e refogue a cebola durante 2-3 minutos. Retire do fogo. Adicione páprica, carne moída, arroz, tomate e salsa e tempere com sal e pimenta. Misture muito bem e recheie cada pimentão com a mistura usando uma colher. Cada pimentão deve estar 3/4 cheio.

Arrume os pimentões na slowcooker e encha com água morna. Tampe e cozinhe por cerca de 7 horas no baixo. Sirva com iogurte.

Tomates Recheados com Bulgur e Carne Moída

Serve 6

Ingredientes:

450g de carne moída

6 tomates grandes

2 colher de sopa de molho de tomate ou extrato

1/2 xícara de bulgur

1 cebola picada

2 dentes de alho esmagados

6 colher de chá de açúcar

1 colher de chá de páprica

1 colher de chá de hortelã

1/2 xícara de folhas de salsa, finamente cortada

1 xícara de caldo de galinha

5 colheres de sopa de azeite

Sal e pimenta a gosto

Modo de Fazer:

Corte os topos dos tomates de modo a poder rechear o tomate e cobrir com a tampa. Com a ajuda de uma colher, retire a polpa do tomate e reserve em uma tigela. Polvilhe uma colher de chá de açúcar em cada tomate para ajudar a reduzir a acidez.

Aqueça o azeite em uma frigideira grande e cozinhe a carne moída. Adicione a cebola e o alho e cozinhe até ficar transparente. Adicione o bulgur, salsa, polpa do tomate finamente cortada e molho ou extrato de tomate. Tempere com páprica, hortelã, sal e pimenta. Deixe ferver, em seguida, reduza o fogo e cozinhe por 5 minutos.

Arrume os tomates na slowcooker. Recheie-os com a mistura de carne - cada tomate deve ter cerca de 3/4 de espessura. Adicione o caldo de galinha, tampe e cozinhe por 6 horas no baixo.

Folhas de Repolho Recheado com Carne Moída e Arroz

Serve 8

Ingredientes:

450g de carne moída

20-30 folhas de repolho em conserva de tamanho médio

1 cebola em cubos

1 alho-poró, finamente cortado

1/2 xícara de arroz branco

2 colheres de chá de extrato de tomate

2 colheres de sopa de azeite

2 colheres de chá de páprica

1/2 colher de chá de cominho

1 colher de chá de hortelã seca

½ colher de chá de pimenta do reino

Sal a gosto

Modo de Fazer:

Refogue a cebola e o alho-poró no azeite durante cerca de 2-3 minutos. Retire do fogo e adicione a carne, o tomate, a páprica, a menta, o cominho, a pimenta do reino e o arroz lavado e escorrido. Adicione sal apenas se as folhas do repolho não estiverem muito salgadas. Misture tudo muito bem.

Coloque uma folha de repolho em um prato grande com a parte mais grossa mais próxima de você. Coloque 1-2 colheres de chá da mistura de carne e dobre cada borda para criar um pacote apertado parecido com uma salsicha. Coloque na slowcooker em duas ou três camadas. Cubra com algumas folhas de repolho e despeje sobre água fervente para que o nível de água permaneça abaixo da camada superior das folhas de repolho.

Tampe e cozinhe no baixo por 6-9 horas.

Almôndegas em Molho de Tomate
Serve 6

Ingredientes:

900g de carne moída

2 cebolas raladas

1 xícara de pão ralado

1 ovo batido

1/3 xícara de folhas de salsa picadas para as almôndegas

1 cenoura picada

2 dentes de alho cortados

3-4 cogumelos brancos, fatiados

1 pimentão vermelho, cortado

1 lata de tomates, em cubos e não drenados

1/2 xícara de caldo de galinha

1/2 xícara de folhas de salsa, para servir

Modo de Fazer:

Em uma tigela, misture a carne moída, pão ralado, salsa, cebola e ovo. Transforme a mistura em bolinhas de almôndegas.

Em uma slowcooker, misture o molho de tomate com os legumes. Coloque as almôndegas na mistura de molho. Cozinhe no baixo por 6-8 horas.

Bolo de Carne com Legumes
Serve 6-8

Ingredientes:

900g de carne moída

2 ovos levemente batidos

4 batatas grandes, cortadas

5-6 abobrinhas, cortadas

5-6 tomates, cortados

1 xícara de caldo de galinha

3 colheres de sopa de azeite

1/2 xícara de salsa fresca, finamente cortada

2 colheres de chá de sal

1 colher de chá de pimenta do reino

1/2 colher de chá de sal

Modo de Fazer:

Coloque a carne moída, ovos, azeite, salsa, sal e pimenta em uma tigela e misture com as mãos. Faça um pão e organize-o no centro de uma slowcooker.

Descasque e corte batatas e abobrinhas. Faça um purê com os tomates. Organize os legumes ao redor do bolo de carne, tempere com sal, adicione o caldo de galinha e mexa. Cozinhe no baixo por 3-4 horas. Retire o bolo de carne da slowcooker para servir num prato. Corte em pedaços e sirva com legumes.

Bolo de Carne Mediterrâneo

Serve 4

Ingredientes:

450g de carne moída

1/3 xícara de arroz integral

1 cebola roxa pequena ralada

1 cenoura, descascada, ralada

85g de queijo feta, esmigalhado

2 colher de sopa de molho de tomate

1 ovo levemente batido

2 folhas de sopa de manjericão, finamente cortadas

1 abobrinha em fatias finas

1 xícara de tomates cereja

1 dente de alho esmagado

2-3 colheres de sopa de azeite

Modo de Fazer:

Cozinhe o arroz seguindo as instruções da embalagem. Separe para esfriar.

Misture o arroz, cebola, carne moída, cenoura, queijo feta, molho, ovo e manjericão em uma tigela. Transforme a mistura em um bolo e coloque no centro da slowcooker. Coloque abobrinha, tomate e alho em uma tigela. Coloque azeite. Arrume o bolo de carne.

Tampe e cozinhe em fogo baixo por 3-4 horas. Retire o bolo de carne da slowcooker para servir em um prato. Corte em pedaços para servir.

Moussaka de Batata

Serve 4

Ingredientes:

450g de carne moída

1 talo de aipo picado

1 cenoura, descascada, finamente picada

1 cebola picada

2 dentes de alho esmagados

1 xícara de conservas de tomate, escorrido, em cubos

5 batatas, descascadas e cortadas em cubos de 0,5cm

1/2 xícara de folhas de salsa fresca, finamente cortada

3 colheres de sopa de azeite

1 colher de sopa de segurelha ou orégano

1 colher de chá de páprica

2/3 xícara de iogurte

1 ovo levemente batido

Sal e pimenta do reino moída na hora

Modo de Fazer:

Aqueça o óleo em uma frigideira grande em fogo médio-alto. Adicione a carne moída e cozinhe, mexendo, usando uma colher para quebrar os pedaços, por 5 minutos ou até que mude de cor. Transfira para a slowcooker.

Na mesma panela, adicione a cenoura, a cebola, o alho, a salsinha, a páprica e a segurelha e refogue, mexendo, por 10 minutos, ou até que os legumes amoleçam. Transfira para a slowcooker e misture bem com a carne moída.

Lave, descasque e pique as batatas. Agite-os na mistura de carne e vegetais. Misture muito bem, adicione 1/2 xícara de água, mexa novamente. Tampe e cozinhe no alto por 2 horas.

Em uma tigela pequena, misture o iogurte e o ovo, despeje e espalhe uniformemente sobre o Moussaka. Cozinhe por mais 2 horas. Reserve por cinco minutos e sirva com bastante iogurte.

Moussakade Beringela
Serve 6

Ingredientes:

680g de carne moída

3 berinjelas, descascadas e cortadas em rodelas de 1,2cm de espessura

1 cebola grande picada

1/2 colher de chá de canela em pó

1/4 colher de chá de coentro

1/2 xícara de tomate enlatado, não drenado, picado

1/2 xícara de folhas de salsa picadas

4 colheres de sopa de azeite

1 colher de chá de açúcar

1 colher de chá de sal

2/3 xícara de iogurte

1 ovo batido

1 xícara de queijo parmesão

Sal e pimenta preta, a gosto

Modo de Fazer:

Coloque rodelas de berinjela em uma bandeja e polvilhe com bastante sal. Deixe descansar por 30 minutos, depois enxágue com água fria. Esprema o excesso de água e seque.

Aqueça o óleo em uma frigideira em fogo médio alto. Cozinhe a berinjela, em lotes, por 3 a 4 minutos de cada lado, ou até dourar. Transfira para um prato.

Na mesma panela refogue a cebola, mexendo, por 3 a 4 minutos, ou até que amoleça. Adicione o tempero e refogue por mais um minuto até perfumado. Adicione carne moída, alho, açúcar e tomate. Mexa e cozinhe até que a carne não esteja mais rosada.

Arrume metade das fatias de berinjela em uma slowcooker. Cubra com a mistura de carne e organize a berinjela restante. Tampe e cozinhe no alto por 2 horas. Em uma tigela pequena misture o iogurte, ovo e queijo parmesão, despeje e espalhe uniformemente sobre o Moussaka. Assepormais 2 horas. Reserve porcincominutos e sirva.

Moussaka de Abobrinha

Serve 4

Ingredientes:

450g de carne moída

5 abobrinhas, descascadas e cortadas

1/3 xícara de arroz

3-4 dentes de alho cortados

1 cebola grande picada

1/2 xícara de conservas de tomate

1/2 xícara de endro fresco, finamente cortado

2/3 xícara de iogurte

1 ovo levemente batido

4 colheres de sopa de azeite

1 colher de chá de páprica

Sal e pimenta preta, a gosto

Modo de Fazer:

Refogue as cebolas e o alho por um minuto ou dois, mexendo. Adicione a carne moída e cozinhe por 10 minutos até que ela não esteja mais rosada. Adicione tomates, páprica, arroz e endro e mexa.

Arrume metade das fatias de abobrinha em uma slowcooker. Espalhe mistura de carne moída sobre eles. Organize as abobrinhas restantes no topo. Tampe e cozinhe no alto por 2 horas.

Em uma tigela pequena, misture o iogurte e o ovo, despeje e espalhe-o uniformemente sobre o Moussaka de abobrinha. Asse por mais 1 hora. Reserve por cinco minutos e sirva.

Lasanha na Panela de Barro

Serve 8

Ingredientes:

450g decarne moída magra

280g depancetta ou bacon, cortado em pedaços de 0,63cm

1 cebola pequena finamente picada

1 cenoura picada

1 costela de aipo picada

3 dentes de alho esmagados

1/2 xícara de vinho branco seco

1/2 xícara de caldo de galinha

2 latas de tomates, em cubos e não drenados

3 colheres de sopa de tomate

1 colher de sopa de manjericão seco

1/3 xícara de salsa

1/2 colher de chá de pimenta do reino moída

1/4 colher de chá de sal

1 colher de chá de páprica

2 xícaras de queijo mussarela, desfiado

1 xícara de queijo parmesão, desfiado

12 massas de lasanha não cozidas

Modo de Fazer:

Aqueça o azeite em uma panela grande e cozinhe carne moída, pancetta, cebola, cenoura, aipo e alho em fogo médio-alto até que a carne moída fique marrom. Deixe ferver e cozinhe, descoberto, até que o líquido esteja quase evaporado. Junte o vinho e o caldo e continue fervendo até o líquido evaporar. Adicione em páprica, tomate, tomate, salsa, pimenta preta e sal.

Juntemussarela e queijo parmesão em uma tigela média.

Espalhe um terço do molho de carne sobre o fundo de um fogão lento. Cubra com um quarto da mistura de queijo. Cubra com 4 massas, quebradas em pedaços para caber. Repita o molho de carne em camadas, a mistura de queijo e amassa mais duas vezes.

Cubra e cozinhe em fogo baixo por 4-6 horas ou até que a massa esteja macia. Reserve por 10 minutos e sirva.

Lasanha de Carne e Espinafre
Serve 8-10

Ingredientes:

450g decarne moída magra

280g de espinafre congelado, descongelado

1 cebola pequena picada

1 lata de tomates, em cubos e não drenados

4 dentes de alho esmagados

1 colher de chá de manjericão seco

1 colher de chá de orégano seco

2 xícaras de queijo ricota

2 xícaras de queijo mussarela, desfiado

12 massas de lasanha sem cozimento

Modo de Fazer:

Em uma frigideira grande, refogue a cebola por alguns minutos. Adicione a carne e cozinhe em fogo médio até que a carne não fique mais rosada. Adicione os tomates, alho, manjericão e orégano. Cozinhe por 10 minutos. Em uma tigela grande, misture o espinafre descongelado com metade do queijo ricota e mussarela.

Espalhe um terço do molho de carne sobre o fundo da slowcooker. Polvilhe com um quarto da mistura de queijo espinafre. Cubra com a massa quebrada para caber. Repita o molho de carne em camadas, a mistura de espinafre e amassa mais duas vezes.

Tampe e cozinhe no baixo por 4-6 horas. Deixe descansar por pelo menos 10 minutos antes de servir.

Bolonhesa Mediterrânea
Serve 6

Ingredientes:

450g decarne magra moída

1 cebola picada

2 dentes de alho finamente picados

2 colher de sopa de massa de tomate

1 lata de tomates, em cubos, não drenado

1/4 xícara de vinho branco ou tinto seco

1/3 xícara de tomate seco picado

1/4 xícara de azeitonas pretas, sem caroço, cortadas ao meio

1/4 xícara de folhas de manjericão fresco picado

1 colher de chá de orégano seco

500g de espaguete

Queijoparmesão, para servir

Modo de Fazer:

Em uma slowcooker, adicione carne moída, cebola, alho, tomate, tomate, vinho, tomate seco, azeitonas, manjericão e orégano. Tempere com sal e pimenta.

Tampe e cozinhe até que os vegetais estejam macios e a carne esteja cozida, em baixa por 6-7 horas ou em alta por 4-5 horas.

Prepare o espaguete como descrito nas instruções do pacote. Lave, escorra e divida-os entre tigelas. Cubra com o molho e polvilhe com queijo parmesão e folhas frescas de manjericão.

Ensopado de Linguiça e Berinjela

Serve: 4

Ingredientes:

2 berinjelas, descascadas e cortadas em cubos

1 cebola picada

2-3 dentes de alho esmagados

900g de salsichas italianas, cortadas em pedaços

225g de tomates enlatados, não drenados, em cubos

1 colher de sopa de páprica

1 colher de chá de cominho

3 colheres de sopa de azeite

Sal e pimenta a gosto

1/2 xícara de folhas de manjericão fresco, finamente cortada

Modo de Fazer:

Aqueça o azeite em uma frigideira grande e salsichas marrons em todos os lados, cerca de 6 minutos no total. Adicione a cebola e o alho, a páprica, o cominho e a canela e cozinhe por mais 2-3 minutos, mexendo. Transfira para a slowcooker.

Adicione a berinjela e os tomates e mexa. Tampe e cozinhe em baixa por 6-7 horas em alta por 4 horas. Tempere com sal e pimenta, misture o manjericão e sirva.

Linguiça de Peru e Lentilha

Serve 4

Ingredientes:

450g desalsicha de peru defumado magro, cortado em fatias de 2,5cm

1 cebola grande picada

2 dentes de alho esmagados

1 pimentão vermelho fatiado

1 xícara de lentilhas verdes, lavadas

1 xícara de caldo de legumes

1 colher de sopa de hortelã seca

1/2 xícara de salsa finamente cortada, para servir

Modo de Fazer:

Pulverize a slow cooker com spray antiaderente.

Coloque salsichas, cebola, alho e pimenta vermelha em uma slowcooker. Adicione lentilhas, caldo de legumes e hortelã.

Tampe e cozinhe em fogo baixo por 6-7 horas. Sirva polvilhado com salsa fresca.

Assado de Panela Lentamente Cozido
Serve 4

Ingredientes:

900g decarne assada

2 dentes de alho esmagados

1 cebola finamente cortada

1 colher de chá de páprica

1 colher de chá de segurelha

1/2 colher de chá de cominho

4 colheres de sopa de tomate

1 xícara de caldo de galinha

Sal e pimenta do reino, a gosto

Modo de Fazer:

Pulverize a slow cooker com spray antiaderente.

Polvilhe sal e pimenta do reino sobre o assado e coloque na slowcooker.

Em uma tigela, misture o tomate, o caldo de galinha, o alho, a cebola, a páprica, a segurelha e o cominho. Espalhe esta mistura sobre a carne.

Tampe e cozinhe em baixa por 8-10 horas.

Ensopado de Porco Mediterrâneo
Serve 4

Ingredientes:

680g de lombo de porco, cortado em cubos

1 cebola grande picada

1 xícara de cogumelos brancos, cortados

2 dentes de alho finamente picados

1 pimentão verde, sem sementes e cortado em tiras

1 pequena berinjela, descascada e cortada em cubos

1 abobrinha, descascada e cortada

2 tomates picados

½ xícara de caldo de galinha

1 colher de chá de segurelha

1 colher de sopa de páprica

Sal e pimenta do reino, a gosto

Modo de Fazer:

Pulverize a slow cooker com spray antiaderente.

Coloque todos os ingredientes na slowcooker. Cubra e cozinhe em fogo baixo por 7-9 horas. Sirva com purê de batatas ou arroz pilaf.

Ensopado de Porco Marroquino

Serve 4

Ingredientes:

900g deassado de ombro de porco

1cebolapicada

2 dentes de alho finamente picados

1 lata de grão de bico, escorrido

1 lata de tomates em cubos

2 xícaras de abóbora, em cubos

1 xícara de caldo de galinha

1 colher de chá de gengibre moído

1 colher de chá de cominho

1 colher de chá de canela

2 colheres de sopa de páprica

Sal e pimenta do reino, a gosto

Modo de Fazer:

Misture páprica, gengibre, cominho, canela, sal e pimenta do reino em um prato pequeno. Esfregue o ombro de porco assado com mistura de especiarias, revestindo bem. Adicione a abóbora, o grão de bico, o tomate e o caldo ao fundo da slowcooker. Coloque o assado no topo.

Tampe e cozinhe no alto por 4 horas ou até que o assado de porco se desfaça facilmente. Retire o assado para um prato ou uma tábua de cortar, triture a carne com dois garfos e coloque de volta naslowcooker.

Porco Assado com Repolho

Serve 4

Ingredientes:

2 xícaras de carne de porco assada cozida, picada

1/2 cabeça de repolho

1/2 cebola picada

1 limão, suco apenas

1 tomate em cubos

1/2 xícara de caldo de galinha

1 colher de chá de páprica

1/2 colher de chá de cominho

Sal e pimenta do reino, a gosto

Modo de Fazer:

Pulverize a slow cooker com spray antiaderente.

Misture todos os ingredientes naslowcooker. Tampe e cozinhe no baixo por 4-5 horas.

Costeletas de Porco Laranja

Serve 4

Ingredientes:

4 costeletas de porco, cerca de 115g cada

1 cebola em fatias finas

4 dentes de alho esmagados

3 colheres de sopa de azeite

1/4 colher de chá de cominho

1/2 colher de chá de orégano seco

1 colher de chá de pimenta do reino

1 colher de sopa de mel cru

1xícara de suco de laranja

Modo de Fazer:

Pulverize a slow cooker com spray antiaderente.

Esmague o alho, orégano, pimenta preta e cominho juntos em uma pasta. Esfregue cada costeleta com a pasta de alho e organize-os na slowcooker.

Dilua uma colher de sopa de mel no suco de laranja e despeje sobre as costeletas. Adicione cebolas.

Tampe e cozinhe por 7-9 horas no baixo.

Suculentas Costeletas de Porco

Serve 4

Ingredientes:

4-5 costeletas de porco, cerca de 115g cada

4 dentes de alho esmagados

1 colher de sopa de mel

3 colheres de sopa de azeite

1 colher de sopa de vinagre

1/2 xícara de vinho branco

1 colher de sopa de molho de soja

1 colher de sopa de ketchup

1/2 colher de chá de sálvia seca

1 colher de chá de pimenta preta

1/2 colher de chá de sal

Modo de Fazer:

Pulverize a slow cooker com spray antiaderente.

Em um copo, misture todos os ingredientes líquidos e mexa até ficar bem misturado. Esmague o alho, sálvia, pimenta do reino e sal juntos em uma pasta. Esfregue cada costeleta com a pasta de alho e organize-os na slowcooker.

Despeje a mistura líquida sobre as costeletas. Tampe e cozinhe por 7-9 horasno baixo.

Porco e Cogumelo na Panela de Barro
Serve 4

Ingredientes:

900g de lombo de porco, fatiado

2 xícaras de cogumelos brancos picados

1 sopa de creme de cogumelos

½ xícara de creme azedo

4 colher de sopa de estragão picado

1/2 colher de chá de pimenta do reino

1/2 colher de chá de sal

Modo de Fazer:

Pulverize a slow cooker com spray antiaderente.

Misture todos os ingredientes naslowcooker. Tampe e cozinhe no baixo por 7-9 horas.

Guisado de Berinjela e Grão de Bico

Serve: 4

Ingredientes:

2-3 berinjelas, descascadas e cortadas em cubos

1 cebola picada

2-3 dentes de alho esmagados

225g de grão de bico enlatado, escorrido

225g de tomates enlatados, não drenados, em cubos

1 colher de sopa de páprica

1/2 colher de chá de canela

1 colher de chá de cominho

3 colheres de sopa de azeite

Sal e pimenta a gosto

Modo de Fazer:

Pulverize a slow cooker com spray antiaderente.

Aqueça o azeite em uma frigideira grande e refogue a cebola e o alho esmagado por 1-2 minutos, mexendo. Acrescente a páprica, o cominho e a canela. Transfira para a slowcooker.

Adicione em berinjela, tomate e grão de bico. Tampe e cozinhe em baixa por 6-7 horas ou cerca de 4 horas em alta.

Berinjela e Tomate na Panela de Barro
Serve: 4

Ingredientes:

2 berinjelas, descascadas e cortadas em cubos

1 cebola grande picada

2 cenouras picadas

1 costela de aipo picada

2-3 dentes de alho esmagados

1 lata de grão de bico, enxaguada e escorrida

225g de tomates enlatados, não drenados, em cubos

1 colher de sopa de páprica

2 folhas de louro

1 colher de chá de manjericão seco

Sal e pimenta a gosto

Modo de Fazer:

Pulverize a panela de barro com spray antiaderente.

Misture todos os ingredientes na panela de barro.

Tampe e cozinhe em baixa por 6-7 horas ou cerca de 4 horas em alta. Descarte as folhas de louro antes de servir.

Ensopado Mediterrâneo na SlowCooker
Serve: 6

Ingredientes:

1 abóbora manteiga, descascada, sem sementes e em cubos

2 tomates em cubos

2 cenouras picadas

1 cebola picada

1 abobrinha, descascada e cortada

1 berinjela, descascada e cortada em cubos

1 costela de aipo picada

1 xícara de ervilhas verdes congeladas

1/3 xícara de passas

1 pode molho de tomate

1 colher de chá de açúcar

1 colher de sopa de páprica

1/2 colher de chá de cominho

1/2 colher de chá de açafrão

1 colher de chá de pimenta do reino

1colher de chá de sal

1/2 xícara de salsa, finamente cortada, para servir

Modo de Fazer:

Em uma slowcooker, misture abóbora manteiga, berinjela, abobrinha, ervilhas, molho de tomate, cebola, aipo, tomate, cenoura e passas. Tempere com sal e pimenta do reino, acrescente páprica, açúcar, cominho e açafrão e mexa para misturar.

Tampe e cozinhe em baixa por 6-7 horas ou 4 horas em alta. Sirva polvilhado com salsa.

Pimentão Recheado com Arroz

Serve 4-5

Ingredientes:

8 pimentões, sem caroço e sem sementes

11/2 xícaras de arroz

2 cebolas picadas

1 tomate picado

1/2 xícara de salsa fresca picada

2 xícaras de água morna

3 colheres de sopa de azeite

1 colher de sopa de páprica

Sal e pimenta a gosto

Modo de Fazer:

Aqueça o azeite e refogue as cebolas por 2-3 minutos. Acrescente a páprica, o arroz, o tomate picado e tempere com sal e pimenta. Adicione ½ xícara de água quente e cozinhe o arroz, mexendo, até que a água seja absorvida.

Recheie cada pimentão com uma mistura de arroz com uma colher. Cada pimentão deve estar ¾ cheio. Arrume os pimentões em uma slowcooker e complete com a água morna restante.

Tampe e cozinhe por 5-6 horas em baixa.

Pimentão Recheado com Feijão
Serve 5

Ingredientes:

10 pimentões vermelhos secos

1 xícara de feijão branco seco

1 cebola finamente cortada

3 dentes de alho picados

2 colheres de sopa de farinha

1 cenoura picada

1 xícara de salsa fresca, finamente cortada

1/2 xícara de nozes trituradas

1 xícara de caldo de legumes

1 colher de chá de páprica

Sal a gosto

Modo de Fazer:

Coloque os pimentões secos em água morna e deixe por 1 hora.

Cozinhe os feijões. Refogue delicadamente a cebola e a cenoura e misture com os feijões cozidos. Adicione a salsa e as nozes finamente picadas. Mexa.

Escorra os pimentões, em seguida, encha-os com a mistura de feijão e coloque em umaslowcooker, cobrindo as aberturas com farinha para selá-los. Adicione o caldo de legumes.

Tampe e cozinhe no baixo por 4-5 horas.

Folhas de Videira Recheadas
Serve: 6

Ingredientes:

42g defolhas de videira, enlatadas

2 xícaras de arroz

2 cebolas picadas

2-3 dentes de alho picados

1/2 xícara de groselha

1/2 xícara de salsa fresca, finamente cortada

1/2 xícara de endro fresco, finamente cortado

1 limão, suco apenas

1 colher de chá de hortelã seca

1 colher de chá de sal

1/2 colher de chá de pimenta do reino

6 colheres de sopa de azeite

Modo de Fazer:

Aqueça 3 colheres de azeite em uma frigideira e refogue a cebola e o alho até dourar. Adicione o arroz lavado e escorrido, a groselha, endro e salsa e refogue, mexendo. Adicione o suco de limão, pimenta do reino, hortelã seca e sal.

Coloque uma folha de videira sobre uma tábua de cortar, com o caule virado para você e a veia virada para cima. Coloque cerca de 1 colher de chá de recheio no centro da folha e na direção da borda inferior. Dobre a parte inferior da folha sobre o recheio e, em seguida, desenhe os lados para dentro e para o meio, enrolando a folha para cima. As folhas da videira devem estar bem dobradas, formando um pacote limpo. O recheio deve estar compacto e uniformemente distribuído.

Arrume as folhas de videira recheadas em uma slowcooker, embalando-as bem juntas. Despeje um pouco de água, até um pouco abaixo do nível das folhas recheadas. Tampe e cozinhe no baixo por 5-6 horas. Sirva quente ou frio.

Folhas de Repolho Recheadas
Serve: 8

Ingredientes:

20-30 folhas de repolho em conserva

1 cebola finamente cortada

2 alho-poró picado

1 1/2 xícara de arroz branco

1/2 xícara de groselha

1/2 xícara de amêndoas, descascadas e picadas

2 colheres de chá de páprica

1 colher de sopa de hortelã seca

1/2 colher de chá de pimenta preta

½ xícara de azeite

Sal a gosto

Modo de Fazer:

Refogue a cebola e o alho-poró no azeite por cerca de 2-3 minutos. Junte a páprica, a pimenta do reino e o arroz e continue refogando até que o arroz esteja translúcido. Retire do fogo e junte a groselha, as amêndoas picadas e a hortelã. Adicione sal apenas se as folhas do repolho não estiverem muito salgadas.

Coloque uma folha de repolho em um prato grande com a parte mais grossa mais próxima de você. Colher 1-2 colheres de chá da mistura de arroz e dobre sobre cada borda para criar um pacote parecido com uma salsicha. Coloque na slowcooker, fazendo duas ou três camadas. Cubra com algumas folhas de repolho e despeje sobre água fervente para que o nível de água permaneça abaixo da camada superior das folhas de repolho.

Tampe e cozinhe no baixo por 6-8 horas.

Pilaf de Quinoa Vegetal

Serve 6

Ingredientes:

1 xícara dequinoa

2 xícaras de caldo de legumes

1 pimentão vermelho picado

1 pequena berinjela, descascada e picada

1 abobrinha, descascada e picada

2 cebolinhas, finamente cortadas

2 dentes de alho cortados

1 colher de chá de orégano seco

Sal e pimenta a gosto

1/2 xícara de queijo parmesão ralado, para servir

Modo de Fazer:

Em uma slowcooker, coloque a quinoa e o caldo e cubra com os ingredientes restantes.

Tampe e cozinhe no alto por 3-4 horas ou no baixo por 5-6 horas. Amoleça com um garfo, cubra com queijo parmesão e sal e pimenta, se desejar. Sirva imediatamente.

Café da Manhã e Sobremesas na SlowCooker

Café da Manhã Caramelizado com Maçã e Quinoana SlowCooker

Serve: 4-5

Ingredientes:

6 maçãs grandes, descascadas e picadas

1/2 xícara de açúcar mascavo

2 ovos

2 xícaras de leite

Uma pitada de sal

1/2 xícara de quinoa, lavada

1 xícara de aveia de corte de aço

2 xícaras de água

2 colheres de sopa de suco de limão

1colher de sopa de canela

1/2 colher de chá de baunilha

Modo de Fazer:

Pulverize a slow cooker com spray antiaderente.

Camada de maçãs, açúcar mascavo, sal, canela, baunilha e suco de limão na slowcookeruntado. Não mexa.

Em uma tigela, bata os ovos no leite até ficar homogêneo. Adicione a água e bata novamente. Adicione a aveia e quinoa e mexa para misturar. Despeje sobre a mistura de maçã.

Cozinhe em baixa por 6-7 horas ou em alta por 3 horas.

Pão de Banana com Aveia
Serve: 4-5

Ingredientes:

3 bananas, descascadas e picadas

2 colheres de sopa de açúcar mascavo

1 xícara de aveia grossa

2 colheres de sopa de sementes de chia

2 colheres de sopa de semente de linhaça moída

3 colheres de sopa de passas ou tâmaras picadas

2 xícaras de leite

2 xícaras de água

1/2 colher de chá de canela

1/2 colher de chá de baunilha

Modo de Fazer:

Pulverize a slow cooker com spray antiaderente.

Coloque todos os ingredientes em uma slowcooker, mexa, tampe e cozinhe em alta por 3 horas, mexendo ocasionalmente.

Omelete de Legumes Mediterrâneos
Serve 5-6

Ingredientes:

1 cebola pequena, finamente cortada

1 pimentão verde picado

3 tomates em cubos

1 dente de alho esmagado

6-7 ovos batidos

1/2 xícara de queijo feta, desintegrado

4 colheres de sopa de leite

1/2 xícara de salsa finamente cortada

Pimenta do reino, a gosto

Sal a gosto

Modo de Fazer:

Pulverize a slow cooker com spray antiaderente.

Em uma tigela, misture os ovos, leite, queijo feta, sal e pimenta e mexa bem. Adicione a cebola, o alho, o tomate e a pimenta à slowcookere acrescente a mistura de queijo ao ovo.

Tampe e cozinhe no alto por 2 horas. Comece a verificar a 1 hora e 30 minutos. Omelete estará pronto quando os ovos estiverem bem cozidos. Polvilhe com salsa e sirva.

Omelete Mediterrânea com Erva-Doce, Azeitonas e Endro

Serve 5-6

Ingredientes:

1 cebola pequena, finamente cortada

2 xícaras de erva-doce fresca em fatias finas

2 tomates em cubos

1/4 xícara de azeitonas verdes, picadas e picadas

6-7 ovos batidos

1/2 xícara de queijo feta, desintegrado

3 colheres de sopa de leite

3 colher de sopa de endro finamente cortado

Pimenta preta, a gosto

Sal a gosto

Modo de Fazer:

Pulverize a slow cooker com spray antiaderente.

Em uma tigela, misture os ovos, leite, queijo feta, endro, sal e pimenta e mexa bem.

Acrescente cebola, tomates, erva-doce e azeitonas a slowcooker e misture a mistura de queijo com ovo.

Tampe e cozinhe no alto por 2 horas. Verifique a 1 hora e 30 minutos se os ovos estão cozidos.

Omelete com Espinafre, Pimenta Assada e Feta na SlowCooker

Serve 5-6

Ingredientes:

2-3 cebolas verdes, finamente picadas

140g de espinafre

3 pimentões vermelhos assados

8 ovos batidos

1/2 xícara de queijo feta, desintegrado

3 colheres de sopa de leite

1 colher de sopa deendro finamente cortado

Pimenta preta, a gosto

Sal a gosto

Modo de Fazer:

Em uma frigideira, refogue o espinafre no azeite por 2-3 minutos ou até que murche.

Pulverize a slow cooker com spray antiaderente.

Em uma tigela, misture os ovos, leite, queijo feta, endro, sal e pimenta e mexa bem.

Adicione o espinafre, cebola verde e pimenta assada à slowcooker e misture a mistura de ovo com queijo.

Tampe e cozinhe no alto por 2-3 horas. Verifique às 2 horas se os ovos estão prontos.

Maçãs comCanela na SlowCooker
Serve 4

Ingredientes:

8 maçãs de tamanho médio, descascadas, cortadas em oitavos

1/3 xícara de nozes picadas

3/4 xícara de açúcar mascavo

3 colheres de sopa de xarope de bordo

3 colheres de sopa de passas

4-5 damascos secos picados

2 colheres de chá de canela

5g de manteiga derretida

2 colheres de sopa de suco de limão

3 colheres de sopa de água

Modo de Fazer:

Pulverize a slow cooker com spray antiaderente.

Emumaslowcooker, coloque maçãs e cubra com suco de limão. Adicione açúcar mascavo, nozes, xarope de bordo, passas, damascos, manteiga derretida e canela. Mexa para misturar.

Tampe e cozinhe no baixo por 4-5 horas.

Arroz Doce na SlowCooker

Serve 4

Ingredientes:

1/2 xícara de arroz branco de grão curto

6 colheres de sopa de açúcar

1-1/4 xícara de leite

2 ovos levemente batidos

1 pau de canela

1 tira de casca de limão

Pistaches, para servir

Modo de Fazer:

Em uma slowcooker, misture os seis primeiros ingredientes. Tampe e cozinhe no baixo por 2 horas. Mexa, tampe e cozinhe por 1-2 horas a mais ou até que o arroz esteja macio. Quando estiver pronto, descarte o pau de canela e as raspas de limão. Sirvapolvilhado com pistache.

Parte 2

Introdução

O Guia Definitivo para as Melhores Receitas de Panela Elétrica: Sopa de Milho Vegetariana a Chili Vegetariano com Batata Doce, Este Guia Irá Fazer Você Voltar Pedindo Mais.

Prepare-se para usar seu "fogão lento" para algumas das refeições mais deliciosas que você já fez. Sim, está certo. A Série Essencial da Cozinha oferece um monte de receitas maravilhosas em uma compra rápida. Desfrute de uma série de opções que irão simplificar o seu dia, poupar tempo e ajudá-lo a desfrutar de refeições caseiras durante todo o dia.

Aqui está uma pequena amostra do que está incluído:

Curry Indiano e Vegetariano de Coco
Ensopado de Milho Vegetariano
Chili Vegetariano com Batata Doce
Lasanha de Espinafre e Ricota com Salada de Alface Romana

Preparar e cozinhar uma refeição, usando uma panela elétrica, é talvez a forma mais fácil de cozinhar. Os ingredientes são preparados com antecedência, colocados por um determinado período de tempo no fogão, e a panela faz o resto. Soa excessivamente simples? SIM! Essa é a questão.

Qualquer número de deliciosas combinações de jantar é possível ao usar sua panela elétrica. Depois de dominar as receitas contidas neste livro de receitas fácil de seguir, você surpreenderá sua família com misturas criadas por você mesmo. Não há literalmente nenhuma maneira de dar errado com essas receitas maravilhosas.

Você está procurando uma maneira fácil de aproveitar ao máximo seu dia, mas não quer o incômodo de cozinhar? Use o seu fogão lento e esta coleção de receitas para ajudá-lo a descontrair - simplesmente reserve um tempo para combinar alguns ingredientes em um fogão lento, sirva refeições deliciosas e quentes e coma quando estiver pronto. Adote um estilo de vida mais descontraído e preencha sua panela elétrica hoje com algo saudável e delicioso!

Sopa de Queijo e Legumes

Faz: 6 tigelas

Ingredientes:

1 (425 gramas) lata de creme de milho
2 batatas
1 cenoura
1cebola
1 colher de chá de semente de aipo
½ colher de chá de pimenta preta
2 (411 gramas) latas de vegetaisou caldo de galinha
1 (453 gramas) lata de molho de queijo processado
½ xícara de queijo cheddar ralado

Processo:

Descasque as batatas e corte em cubos. Descasque as cenouras e as cebolas e pique.

Em umapanela elétrica, coloque ocreme de milho, as batatas em cubo, cenoura picada, cebola, sementes de aipo e a pimenta preta. Despeje o caldo, coloque a tampa, ative a temperatura baixa e cozinhe por 4 horas.

Agora adicione o molho de queijo e o cheddar ralado e cozinhe por 45 minutos até que o caldo da sopa e os ingredientes estejam misturados.

Molho de Frango Vegetariano

Faz: 8 porções

Ingredientes:

1 (226 gramas) pedaço de frango temperado
1 (226gramas) pacote de creme de queijo, amolecido

½ (453 gramas) frasco de molho para salada

½ (354 ml) garrafa de molho apimentado para asa de frango

½ xícara de queijo cheddar ralado

Processo:

Corte os pedaços de frango em pequenos pedaços e coloque-os em uma panela elétrica, juntamente com os ingredientes restantes, exceto o queijo cheddar ralado. Cozinhe em fogo baixo por 2 horas até que o molho esteja cozido e os ingredientes estejam misturados. Adicione o queijo, mexa e sirva com legumes depois de esfriar por 15 minutos.

Cidra de maçã

Faz: 8 copos

Ingredientes:

1 (1892 ml) garrafa desuco de maçã
3 canelas em pau
1 colher de chá de pimenta da Jamaica
1 colher de chá de cravo
1/3 xícara de açúcar mascavo

Processo:

Em uma panela elétrica, despeje a cidra de maçã e adicione a canela em pau, mexa levemente. Em uma gaze, coloque todos os temperos, cravos, e amarre e adicione à panela. Adicione o açúcar mascavo e mexa até dissolver levemente. Cozinhe em alta temperatura, deixe a mistura para ferver, mude para a temperatura média e cozinhe por 5 minutos. Sirva imediatamente.

Curry Indianoe Vegetariano de Coco

Faz: 6 porções

Ingredientes:

5 batatas
¼ xícara de curry em pó
2 colheres de sopa de farinha de trigo
1 colher de sopa de pimenta em pó
½ colher de chá de flocos de pimenta vermelha
½ colher de chá de pimenta caiena
1 pimentão verde
1 pimentão vermelho
1 (28 gramas) pacote de mistura de sopa de cebola seca
1 (396 gramas) lata de creme de coco
Água, conforme necessário
2 cenouras
1 xícara de ervilha
¼ xícara de coentro fresco picado

Processo:

Fatie o pimentão verde e vermelho em tiras. Descasque as cenouras e corte em formato de palito.

Descasque as batatas, corte em cubos de 2 centímetros e coloque na panela elétrica. Em uma tigela pequena, coloque o curry em pó, farinha de trigo, pimenta em pó, pedaços de pimenta vermelha e pimenta caiena, misture, adicione à panela e mexa para cobrir os pedaços de batata uniformemente com as especiarias. Agora adicione o pimentão vermelho e verde fatiados, a mistura de sopa de cebola seca e o creme de coco. Misture bem.

Cubra a panela com a tampa e cozinhe em fogo baixo por 3 horas até que borbulhe e os ingredientes estejam misturados e macios. Adicione as cenouras fatiadas à panela e cozinhe por meia hora. Adicione as ervilhas, mexa por mais meia hora até que os legumes estejam macios. Sirva com coentro picado.

Ensopado de Milho Vegetariano

Faz: 6 porções

Ingredientes:

1 (425 gramas) lata de creme de milho

1 (432 gramas) lata de grãos de milho
3/8 (453 gramas) de um pacote congelado de batatas
2 ¼ colheres de chá de manteiga
½ cebola vermelha picada
½ cebola branca doce, picada
1 pimentão picado
1 talo de aipo picado
1 cenoura grande picada
3/4 de pimentas jalapeño, sem sementes e picadas
1 pimenta cereja, sem sementes e picada
¾ de pimentapoblano, sem sementes e picada
1 ½ demistura de partes iguais de leite e creme

Processo:

Em uma panela elétrica, coloque o creme de milho e os grãos de milho juntos. Adicione batata, mexa e cozinhe em fogo baixo por 15 minutos.

Enquanto isso, coloque a frigideira em fogo médio e derreta a manteiga. Adicione cebola picada vermelha e branca, pimentão, aipo, cenoura e jalapeño, pimenta cereja e poblano juntos na frigideira. Mexa e cozinhe por 15 minutos até que os legumes fiquem macios. Adicione os legumes fritos na panela elétrica e mexa até misturar.

Cubra os vegetais com a mistura de partes iguais de leite e creme e cozinhe por 3 horas em baixa temperatura. Mexa ocasionalmente.

Chili Vegetariano com Batata Doce

Faz: 5 porções

Ingredientes:

1 cebola vermelha média
1 pimentão verde
4 dentes de alho
1 colher de sopa de pimenta em pó
1 colher de sopa de cominho

2 colheres de chá de cacau em pó sem açúcar
¼ colher de chá de canela em pó
1 colher de sopa de sal
¼ colher de chá de pimenta preta
1 (793 gramas) lata de tomates em cubos assados
1 (439 gramas) lata de feijão preto
1 (439 gramas) lata de feijão roxo
1 batata doce média

Processo:

Descasque a batata e corte em pedaços de 1 centímetro. Pique a cebola roxa, o pimentão verde e o alho. Lave o feijão preto e o feijão roxo
Em umapanela elétrica, coloque cebola picada, pimentão, alho, tomate, os feijões e a batata doce. Mexa com o pó de pimenta, cominho, cacau, canela, sal e a pimenta preta.

Cubra com a tampa e cozinhe em fogo alto por 4-5 horas0, até que o molho engrosse e os vegetais estejam completamente cozidos e macios, especialmente a batata. Sirva quente com creme azedo e tortilhas.

Lasanha de Espinafre e Ricota com Salada de Alface Romana

Faz: 5 porções

Ingredientes:

1 (283 gramas)pacote de espinafre congelado
1 xícara de ricota
¾ (85 gramas) xícara de parmesão ralado

3 xícaras de molho marinara
½ xícara de água
1 colher de chá de orégano
6 pacotes de macarrão de lasanha
1 ½ xícaras de muçarela ralada
2 colheres de sopa de azeite
2 colheres de chá de vinagre de vinho tinto
1 colher de sopa de sal
½ colher de chá de pimenta preta

1 alface romana pequena
1 pepino
½ cebola vermelha pequena

Processo:

Pique o espinafre, esprema para remover a umidade e coloque em uma tigela. Adicione o queijo ricota e ½ xícara de queijo parmesão.

Em outra tigela, coloque o molho marinara, orégano e despeje a água. Mexa até misturar. Meça ¾ xícara desta mistura e espalhe no fundo da panela elétrica. Coloque 2 pacotes de macarrão de lasanha sobre ele e depois espalhe ¾ xícara de molho marinara. Espalhe sobre macarrão.

Espalhe metade da mistura de espinafre e, em seguida, espalhe ½ xícara de queijo muçarela. Cubra com dois macarrões de lasanha e espalhe a mistura marinara, misture o espinafre e, em seguida, coloque o queijo muçarela restante e o queijo parmesão. Cubra com a tampa e cozinhe em fogo baixo por 3 horas e meia até que o macarrão esteja macio e cozido.

Enquanto isso, em uma tigela, coloque óleo, vinagre, sal e pimenta. Bata até misturar e guarde por 10 minutos. Enquanto isso, corte a alface em tiras, fatie o pepino e a cebola fina. Coloque a mistura de vinagre e sirva com lasanha.

Ensopado de Legumes

Faz: 6 porções

Ingredientes:

4 cenouras grandes
2 nabos médios
1 cebola grande
2 dentes de alho picados
1 (396 gramas)lata de tomate em cubos
1 xícara de caldo de legumes ou frango
1 colher de chá de sal
½ colher de chá de cominho

¼ colher de pedaços de pimenta vermelha esmagada
1 abobrinha
1 (453 gramas)lata de grão de bico, escorrido

Processos:

Descasque as cenouras e nabos e corte em pedaços de 5 centímetros e de 2,5 centímetros, respectivamente. Corte a cebola, a abobrinha cortada em fatias de 1 centímetro e escorra o grão de bico.

Coloque todos os ingredientes, exceto o grão de bico e a abobrinha na panela elétrica. Mexa bem, cubra com a tampa e cozinhe em fogo alto por 3 horas. Agora adicione abobrinha e grão de bico e cozinhe em fogo baixo por 1 hora até que o grão de bico esteja macio. Sirva quente.

Burritos

Faz: 5 porções

Ingredientes:

425 gramas de feijão preto
284 gramas de tomate em cubos
2 pimentas verdes
1 xícara de cevada perolada
2 xícaras de caldo de legumes ou caldo de galinha
¾ xícaras de milho congelado
1 cebola verde
1 colher de sopa de suco de limão fresco
1 colher de chá de cominho
1 colher de chá de pimenta em pó
½ colher de chá de pimenta vermelha
3 dentes de alho picados

Processos:

Escorra os feijões pretos e lave sob a água. Pique pimentas verdes e cebola verde finamente. Na panela elétrica, coloque todos os ingredientes, mexa até misturar bem. Cubra com a tampa, cozinhe em fogo baixo por 5 horas até ficar cozido.

Sirva com ovos mexidos e tortilhas. Guarneça com queijo cheddar ralado, molho de salsa e coentro.

Barras Energéticas de Quinoa

Faz: 6 barras

Ingredientes:

1 ½ colher de sopa de óleo
2 colheres de sopa de manteiga de amêndoa
2 colheres de sopa de xarope de bordo
1 xícara de leite de amêndoa de baunilha sem açúcar
Uma pitada de sal
½ colher de chá de canela
2 ovos
1/3 xícara de quinoa, não cozida
½ xícara de passas
1/3 xícara de amêndoas torradas e picadas
1/3 xícara de maçãs secas e picadas

2 colheres de sopa de sementes de chia

Processo:

Unte a panela elétrica com óleo e forre o fundo com papel manteiga.

Coloque uma panela em fogo baixo e aqueça a panela pequena. Adicione a manteiga de amêndoa e o xarope de bordo e cozinhe por 1 a 2 minutos até derreter e misturar. Desligue o fogo e adicione gradualmente leite de amêndoa e bata. Adicione canela e sal a ele e bata até misturar. Adicione os ovos e continue mexendo até ficar homogêneo.

Adicione os ingredientes restantes aos ovos batidos e mexa bem. Despeje esta mistura na panela elétrica forrada, cubra com a tampa, e cozinhe em fogo baixo por 3 horas e meia até o ajuste.
Insira o palito de madeira, se sair limpo significa que a barra está cozida. Passe a faca para girar a barra para fora e esfriar

completamente antes de cortar em pedaços.

Omelete Vegetariano

Faz: 6 porções

Ingredientes:

1 colher de sopa de óleo
6 ovos
½ copo de leite
¼ colher de chá de sal
Pimenta moída a gosto
⅛ colher de chá de alho em pó
⅛ colher de chá de pimenta em pó
1 xícara de brócolis picado
1 pimentão vermelho
1 pequena cebola amarela
1 dente de alho picado
Guarnição:
Queijo cheddar ralado
Tomates picados
Cebolas picadas

Salsinha

Processo:

Pique a cebola e o pimentão.
Unte a panela elétrica com óleo e deixe-a de lado.
Em uma tigela, quebre os ovos, despeje a água e adicione sal, pimenta, alho e pimenta em p. Bata até ficar bem misturado. Adicione brócolis, pimenta, cebola e despeje a mistura de ovo sobre os vegetais. Mexa. Cubra com a tampa e cozinhe em fogo alto por 1 hora e 30 minutos a 2 horas.

Inserira um palito de madeira, se sair limpo significa que a omelete está cozida. Fatie antes de servir com tomate picado, cebola, salsa e queijo cheddar.

Chá de Cranberry

Faz: 8 copos

Ingredientes:

1 xícara de açúcar
8 xícaras de água
3 canelas em pau
4 copos de suco de cranberry
177 ml de suco de laranja em garrafa
3 colheres de sopa de suco de limão fresco
Limão fresco e uma fatia de laranja

Processo:
Em uma tigela grande, coloque açúcar e canela e despeje na água. Bata até misturar, despeje a mistura na panela e deixe ferver em fogo médio.

Transfira a mistura para a panela elétrica e adicione os ingredientes restantes. Cubra com a tampa e deixe cozinhar por 1 hora em alta temperatura. Sirva quente.

Manteiga de Maçã

Faz: 6 garrafas de meio litro

Ingredientes:

Maçãs
½ xícara de vinagre
3 xícaras de açúcar branco
1 xícara de açúcar mascavo
3 colheres de chá de canela em pó
¼ colher de chá de cravo moído

Processo:

Pegue maçãs suficientes para encher a panela e coloque no fogo baixo. Descasque, core e fatie a maçã. Coloque na panela elétrica. Acrescente o vinagre, cubra com a tampa e cozinhe por 1 hora em fogo alto, mexa ocasionalmente.

Agora adicione os açúcares, canela e cravo à panela elétrica e cozinhe por mais 15 minutos. Transfira a mistura para o liquidificar e bata até ficar homogênea. Devolva esta mistura para a panela elétrica e cozinhe em fogo alto por 2 horas. Guarde em frascos.

Sopa de Abóbora Gelada para o Verão

Faz: 5 porções

Ingredientes:

4xícaras de abóbora picada
3 copos de água
⅓xícara de castanha de caju
3 colheres de sopa de caldo de galinha
2 colheres de chá de tomilho seco
⅛ colher de chá de alecrim seco
1 colher de sopa de sal
¼ colher de chá de pimenta preta

Processo:

Em umapanela elétrica, coloque todos os ingredientes, exceto sal e pimenta preta. Mexa e cubra com a tampa, cozinhe por 3 horas e meia em baixa temperatura.

Em seguida, transfira a mistura da panela elétrica para o liquidificador e bata até ficar homogêneo. Despeje a mistura em uma tigela grande e mantenha na geladeira para descansar por 2 horas antes de servir.

Salada de Batata Alemã

Faz: 6 porções

Ingredientes:

2 fatias de bacon
1 cebola doce picada
¼ xícara de vinagre
2 colheres de sopa de mostarda integral
1 colher de sopa de farinha de trigo
¼ colher de chá de sal
¼ colher de chá de pimenta preta moída
3 batatas
1 xícara de aipo fatiado
¼ xícara de aneto fresco e picado

Processo:

Lave as batatas e corte em pedaços.

Coloque a frigideira em fogo médio, aqueça 1 colher de sopa de óleo e coloque o bacon para cozinhar por 4 minutos cada lado, até ficar crocante. Forre um prato com papel toalha e coloque o bacon frito até esfriar. Guarde o líquido do bacon, coloque 1 colher de sopa do líquido e adicione a cebola.

Refogue por 5 minutos até dourar. Desligue o fogo e coloque o vinagre, a mostarda, a farinha e tempere com sal e pimenta. Mexa e cozinhe por dois minutos e depois transfira a mistura para a panela elétrica. Adicione pedaços de batatas e aipo a ele, mexa para cobrir completamente com molho, cubra com a tampa e deixe cozinhar por 7 horas em baixa temperatura, até que as batatas fiquem macias.

Esfarele o bacon e coloque na geladeira até o molho cozinhar.

Quando as batatas estiverem cozidas, adicione o bacon esfarelado, mexa bem e sirva quente.

Salada Tailandesa de Bife com Molho de Amendoim

Faz: 4 porções

Ingredientes:

1 colher de sopa de óleo
¼ xícara de molho de soja
3 colheres de sopa de mel
5 dentes de alho picados e divididos
453 gramas de ensopado de carne
¼ xícara de molho de soja
2 colheres de sopa de manteiga de amendoim
½ copo de água
1 colher de sopa de gengibre fresco e picado
1 colher de sopa de tomate ou ketchup
2 colheres de chá de suco de limão fresco
1 colher de chá de açúcar

½ colher de chá de molho picante
½ couve triturada
1 alface romana picada
1 repolho roxo pequeno, picado
2 cenouras fatiadas
1 cebola verde fatiada
1 xícara de coentro picado
½ xícara com amendoim picado
2 mangas em cubos
Fatias de limão fresco

Processo:

Lave o bife, seque e corte-o em pedaços de 5 centímetros.
Unte a panela elétrica com óleo.

Em uma tigela grande, coloque o molho de soja, mel e 3 alhos picados. Bata até misturar e adicione pedaços de bife. Mexa bem para a bisteca pegar o sabor do marinado. Passe os pedaços de bife ao longo do marinado na panela engordurada, cubra com a tampa e cozinhe em fogo alto por 3 horas.

Depois, no liquidificador, coloque a manteiga de amendoim, o molho hoisin, a água, o gengibre, o ketchup, o sumo de lima, o açúcar e o alho picado. Bata até ficar homogêneo e ponha em uma tigela.

Em uma tigela, coloque repolho, alface, cenoura, cebola verde e coentro. Cubra com amendoim, cubos de manga, misture e deixe na geladeira para esfriar até que o bife esteja cozido.

Agora, retire os pedaços de carne e coloque na tábua de corte por 10 minutos, para esfriar. Usando uma faca afiada, corte pedaços do bife. Enrole as fatias de bife na folha de alumínio, regue com o molho e sirva com a salada verde juntamente com as fatias de limão. Regue a salada com ketchup e molho de soja e sirva imediatamente.

Pimentas Recheadas

Faz: 6 porções

Ingredientes:

6 pimentões verdes
453 gramas de carne de peru magra moída, não cozida
1 xícara de arroz integral de grão longo, cozido
2 xícaras de salsa
1 xícara de grãos de milho congelados
1 colher de sopa de pimenta em pó
½ colher de chá de cominho
½ colher de chá de orégano
2 colheres de chá de sal
½ xícara de cebola picada
1 (226 gramas) lata de feijão preto, escorrido e lavado
1/3 xícara de água
1 xícara de queijo cheddar ralado

Processo:

Remova a parte de cima e as sementes do pimentão

Em uma tigela, coloque os ingredientes restantes, exceto água, misture bem até ficar homogêneo. Agora preencha cada pimenta com este recheio, cubra com iogurte e polvilhe com o coentro picado e cebolinha e coloque-os em uma panela elétrica em uma posição reta.

Despeje a água na base da panela elétrica, cubra com a tampa e cozinhe por 3 horas e 30 minutos, em alta temperatura de cozimento, até a carne cozinhar.

FajitaVegetariana

Faz: 8 fajitas

Ingredientes:

1 colher de sopa de óleo
3 tomates
1 (113 gramas) pimentões verdes em cubos
1 pimentão verde grande

1 pimentão vermelho grande
1 cebola média
1 1/2 colher de sopa de óleo vegetal
2 colheres de chá de cominho
2 colheres de chá de pimenta em pó
1/2 colher de chá de orégano
1/colher de alho e sal

Processo:

Corte o tomate em pequenos pedaços. Tire as sementes e fatie o pimentão verde e o vermelho. Descasque e fatie a cebola.

Unte a panela elétrica com óleo e coloque todos os ingredientes nela. Misture bem até que os legumes estejam cobertos com as especiarias. Cubra com a tampa e cozinhe por 2 horas em alta temperatura, até que os vegetais estejam macios.

Quando cozido, sirva com pão de tortilha, abacate e creme azedo.

Bolo de Piña Colada

Faz: 6 porções

Ingredientes:

1 colher de chá de baunilha
1 xícara de farinha de trigo
1 ½ colher de chá de fermento em pó
1 (396 gramas) lata de creme de milho
1 (453 gramas) lata de abacaxi fatiado
2 colheres de sopa de óleo
1 xícara de coco ralado
1 xícara de leite de coco
Sorvete de baunilha

Processo:

Escorra o suco que vem na lata de abacaxi.

Espalhe o abacaxi na parte inferior da panela elétrica. Em uma tigela, coloque baunilha, farinha de trigo, fermento em pó, óleo, 1/3 xícara de creme de coco, 2/3 xícaras de suco de abacaxi, ½ xícara de coco. Misture bem até ficar homogêneo e cobrir o abacaxi na panela elétrica. Em uma panela, misture 1 xícara de leite de coco e creme de coco, mexa e leve a mistura para ferver. Despeje esta mistura na panela elétrica, tampe e cozinhe em fogo alto por 2-3 horas até ficar pronto.

Em uma assadeira, espalhe o restante do coco ralado e coloque no forno e asse até dourar.

Para montar esta sobremesa, na tigela, coloque uma colher grande do bolo, do abacaxi e do molho da panela elétrica. Cubra com sorvete de baunilha e polvilhe o coco torrado. Sirva imediatamente.

Curry Indiano de Feijão Vermelho

Faz: 10 copos

Ingredientes:

3 xícaras de feijão vermelho seco
1 cebola amarela média, picada

2 tomates médios, em cubos
(2 centímetros) Gengibre, descascado e picado
3 dentes de alho picados
5 pimentões verdes picados
3 cravos inteiros
1 (5 centímetros) canela em pau
1 colher de sopa de cominho
1 colher de sopa de pimenta vermelha em pó
2 colheres de sopa de sal
1 colher de chá de açafrão moído
1 colher de chá de garammasala
9 copos de água
½ xícara de coentro picado
Arroz de grão longo, cozido
1 xícara de iogurte natural

Processo:

Deixe o feijão de molho na água por 10 horas e leve-os para ferver na panela elétrica e cozinhe por 10 minutos em alta temperatura. Escorra a água e adicione os ingredientes, exceto coentro, arroz e iogurte.

Coloque a tampa, cozinhe em fogo alto por 11 horas até ficar macio e cremoso, mexa de vez em quando. Se os grãos ainda não estiverem macios, remova uma xícara de feijão da panela elétrica, misture completamente e coloque de volta.

Coloque o iogurte na panela elétrica e deixe-a descansar. Adicione o coentro, mexa e sirva quente com arroz.

www.ingramcontent.com/pod-product-compliance
Lightning Source LLC
LaVergne TN
LVHW011941070526
838202LV00054B/4740